カイロス　NEXT STEP SERIES Step1

信仰生活勝利への鍵

～霊的戦いの基本概念～

私たちの格闘は
血肉に対するものではなく、
主権、力、
この暗やみの世界の支配者たち、
また天にいるもろもろの悪霊に対するものです。

エペソ人への手紙 6章12節

カイロス NEXT STEP SERIES

Step 1 信仰生活勝利への鍵

～霊的戦いの基本概念～

C O N T E N T S

序 読者の皆様へ

1998年9月に日本武道館で開かれた東京リバイバルミッション。プレイズ出版では、その大会に焦点を当てて、雑誌『カイロス（神の時）』を創刊させていただきました。多くの方々からの祈りと励ましの中、刊行が続けられたカイロスも、東京リバイバルミッションの閉幕と共に、ひとまず完結させていただきました。

しかし、この度、主の不思議な導きの中で、新しくなったカイロスをお届けすることができるのは、私たちにとって大きな喜びです。

新カイロスは、雑誌ではなく、福音宣教の最前線で活躍しておられる、様々な神の器によるアンソロジーのシリーズです。このシリーズのねらいは、「リバイバルへのクリスチャンの備え」です。六つのステップのそれぞれが独立したテーマを構成していますが、通して読んでいただくことによって、統一的なテーマが浮かび上がってくるように工夫されています。各ステップではそれぞれ特定のテーマに従って、内外の一流の執筆陣によって様々な角度からそのテーマに光を当てていきたいと思います。それぞれに微妙な立場の違いがありますが、テーマを立体的に描き出し、読者の皆様の祈りと実践のきっかけとしていただくために、あえていろいろな意見を広く掲載していく予定です。

神様は、すでに日本のリバイバルの時（カイロス）を与えてくださっていると信じます。けれども、このリバイバルへの働きは、一歩一歩着実に、御霊によって祈り、御言葉を学び、証しをしていくことによってなされていくものでもあると思います。このカイロス・ネクスト・ステップ・シリーズも、そのような歩みの一助となれるようにと願っています。

日本のリバイバルへの新たな一歩、ご一緒に踏み出してみませんか。

『カイロス』編集部

信仰生活勝利への鍵

カイロス NEXT STEP SERIES Step1

真実に立つ戦い

鈴木啓之・まりこ夫妻インタビュー

すずき・ひろゆき
大阪生まれ。17歳でヤクザの世界に入り、ヤクザ歴17年。組織に命を狙われ、逃亡生活を送っていた東京でキリストに出会い、救われる。現シロアムキリスト教会牧師、ミッションバラバ代表。夫人と娘1人の3人家族。

すずき・まりこ
本名ハン・クンジャ。韓国から出稼ぎのために来日し、ナイトクラブで働いていた時に、鈴木師と出会い結婚。友人に誘われて訪れた教会で回心。現シロアムキリスト教会牧師夫人。

Q：鈴木先生はミッションバラバの代表として、いろいろな所で証しもしていらっしゃいますし、本などでも先生の救われてきた経緯については詳しく書かれていますので、今回は特に先生ご夫妻が体験してこられた戦いということについてお話しください。

まりこ夫人：救われたのは私が先だったのですが、その時は主人がヤクザの世界を早くやめるようにということと、借金の問題がなくなるようにお祈りを続けていました。すると、主人が教会に行くようになって、三億円以上あった借金が全部なくなったのですが、その後また堕落してしまったのです。その中で主人が本当にイエス様に出会うようにお祈りしました。それからがすごく長い戦いでした。お祈りすればするほど、主人は逆に堕落していくんですね。だから、時々「本当に神様は生きているんだろうか」という思いになったこともありました。

私も結婚する前は、サマリヤの女のようにいろいろな罪を犯して生きてきた人間ですけれども、救われた時は、イエス様が私の罪の身代わりになってくださったのだから、本当に真面目に生きないとだめだという思いがすごくあって、どんな苦労があっても、再び水商売とかはせずに生きていこうと思って結婚したんです。それなのに主人は博打や女遊びがすごくひどくて、子供を産んでからも、遊び癖が直らなくて家へ帰って来ないんですよね。毎日が不安の連続でしたが、絶対このままであるはずがない、必ず神様は祈りを聞いてくださると思って祈り続けました。早天礼拝や韓国の祈祷院へ行ってみたりもして、主人が帰って来るのは今日だろうか、今日こそ神様が働いて何とかしてくださるのではと思っていても、結局その日もまた帰って来ない。そんな毎日でした。そのような戦いの中で、主人が神様を一〇〇パーセント信じるようにとお祈りしていました。

きれいなお祈りなんてできないんですよ。「天のお父様……」と言っただけで涙が溢れてくるので、ひれ伏して、子供が起きないように祈って、何をお祈りしていいのかもわからなくなって、ただ「主人を返してください」とだけ祈っていました。最初はああだ、こうだと課題を並べて祈っていましたけれども、主人が女性を連れてどこかへ逃げた時には、ただ泣くだけで、言葉も出てこなかったです。

でもいつも主人を祈りの中で責めていたし、私は真面目に生きているのにどうして神様は答えてくださらないんですかという気持ちもありましたが、神様に「わたしがあなたの罪を赦したように、あなたも夫を赦して、もっとお祈りしなさい」と言われて、すごく悔い改めたんです。今考えると、頑固な私が先に砕かれるためだったと思います。そうでなかったら神様は私を使うことができなかったでしょう。結局、悔い改めの中で、主に委ねました。するとその直後に、ヤクザの人が六、七人で家へ乗り込んで来たのです。ところが、女性を連れて逃げた主人のことで私を責めるのかと思ったら、これからのことなどを心配してくれて、慰めの言葉をかけてくれました。その時に、どんな暗闇の中にあっても、神様は光を照らして私を守ってくださっているんだと思いました。

結局主人が帰って来るまでには三年間くらいかかって、娘が二歳を過ぎた頃に帰って来たんです。イエス様に救われてから、主人はすぐ神学校へ行ったんですけれども、家へ帰って来たら、今度は私の傷がかえって大きくなって、主人の顔を見ただけで嫌なくらいでした。そこからがまた戦いでした。

鈴木師：彼女の中には「神が結び合わせたものを、人が引き離してはならない」という箇所など、一つひとつの御言葉があって、それが彼女を支えていたんです。苦労したことを挙げたらキリがないくらいですけれども、それを苦労と思う暇もなく、祈らなければ生きていけない。本当に御言葉と祈りに支えられていなければ、いつ自殺してもおかしくなかったと思います。

Q：まりこ先生の祈りの中で、鈴木先生が救われていったということですけれども、先生は救われた後にどういう戦いを経験してこられたのかをお聞かせください。

鈴木師：救われた時は、本当に自分みたいな人間を高価だと思ってくださる、尊いと思ってくださる、愛してくださる方がいるということを知りました。そして、もし本当に聖書の言っていることが事実だったら、俺もやり直せるかもしれないなという希望を持ったのです。それで、恵みによって救われたのですが、それからの信仰生活っていうのは戦いですよね。

私の場合、それまでの人生で何よりも家内と子供に苦労かけたから、「この二人の喜ぶことをしよう」という思いが最初にありました。そうして新しい生活を始めたんですけれども、まだ古い自分っていうのはいっぱい残っているんですよ。知らない間に彼女を傷つけていたことがたくさんありました。例えば、私が以前連れて逃げた女性と住んでいた家に彼女と子供を迎え入れる。そこには彼女が見たくないものばかりがあるわけですが、そんなことも考えられ

ない、無神経な人間でした。そういう状況の中での再出発でしたから、本当にケンカの絶えない日々だったんです。ただそれまでと違っていたのは、ケンカをしてもその怒りを相手にぶつけるんじゃなくて、神様に本当に泣いて叫びながら祈るということでした。そのようにして、神様と祈りを通してどんどん交わっていったのです。

でも彼女の中には猜《さい》疑《ぎ》心《しん》がいっぱいありました。夫を信じられない。当たり前ですよね。信じられるはずがないんですよ、人間的に考えれば。神様のあわれみと聖霊様の助けで、瞬間的に私を赦すことができても、日が経ってくるとだんだん昔の思いが顔を出してくるわけですよ。憎しみがまた出てくるんです。それを完全に取り除いてもらうための戦いが半年くらい続きました。その半年間というのは本当に地獄のような日々でした。正直言って、もうだめだろうと思うようなことが何度もありました。でも神様は守ってくださり、いつも一緒にいてくださり、励ましてくださいました。そしてそのような一つひとつのことも、全部益に変えてくださいました。

そのような中でアーサー・ホーランド先生に出会い、一緒に伝道の働きをするうちに、過去に私と同じようなヤクザの世界で生きていたクリスチャンの仲間が増えていき、ミッションバラバの働きが始まって、いろいろな所で証しをするようになりました。けれども正直なところ、大阪ではあまり伝道はしたくありませんでした。私は大阪の組織から追われ、命を狙われていた身ですから、まだ恐れが残っていたのです。ところが神様が押し出してくださって、どんどん働きが拡大していき、テレビや新聞や週刊誌に出たりするようになりました。すると案の定、私の命を狙っていたヤクザの人たちが、テレビに出演している私を見てしまったのです。そして家に乗り込んで来て、殺す、殺さないということが起こりました。その内容については『刺青クリスチャン』（早稲田出版）の中に書いてありますけれども、そういう中にあって私を支えてくれたのは、御言葉だったんですよ。それは、第二コリントの一章の八節以降の御言葉でした。

> 兄弟たちよ。私たちがアジヤで会った苦しみについて、ぜひ知っておいてください。私たちは、非常に激しい、耐えられないほどの圧迫を受け、ついにいのちさえも危くなり、ほんとうに、自分の心の中で死を覚悟しました。これは、もはや自分自身を頼まず、死者をよみがえらせてくださる神により頼む者となるためでした。ところが神は、これほどの大きな死の危険から、私たちを救い出してくださいました。また将来も救い出してくださいます。なおも救い出してくださるという望みを、私たちはこの神に置いているのです。
> （八～一〇節）

自分一人がこんな苦しみに会ってるんじゃないということがわかりました。ある人は、そのような苦しみを、自分に与えられた十字架だと思う人もいるかもしれませんけれども、そうではないと思います。私たちはすぐに十字架という言葉を使うけれども、十字架っていうのは、イエス様の福音を伝えていく過程で体験していく苦しみのことだと思います。私がヤクザの人たちから命を狙われているのは、以前私が蒔いたものを刈り取っているのであって、私はそれを十字架とは言えないと思うんです。そんな軽いものじゃないと思うんですよ、十字架は。ただ、この御言葉が私にとってすごく大きな励ましになったんです。あの大伝道者と言われるパウロでさえ死を覚悟して、もうダメだという状態の中に置かれたことがあったのに、神様は守ってくださったことを知り、私をも神様は守り続けてくださるという信仰に立つことができたんですね。だから私は伝道できたと思うんです。そうでなかったら、おそらく私は伝道をやめていたと思いますよ。別にそんなに目立つことしなければ、危険はないわけですから。

その後もいろいろな妨げがあり、苦しみもありました。もちろんサタンの妨害ということもあるかもしれません。でも、いくら悪魔が邪魔したって、神様が御心をもってなされることなら、主はどんなことをしても道を開いてくださると思うんですよ。生きるにしても死ぬにしても主の御手の中にしかないんだ、すべて神様がなさることなんだということを教えられたというのが正直なところです。

この教会には、今でも不良、元ヤクザなど、いろいろな人が来ています。悪霊につかれて苦しんでいる子が来たり、十代で、暴走族で、麻薬中毒で、どうしようもなかった子がやって来て、ここで新しい人生を始めたり。ストリップ劇場からストリップの踊り子が飛び込んで来て、ここで福音を聞いて悔い改めて、その仕事をやめて国へ帰ったり、いろんなことがこの教会でありました。

テレビなどの取材もよく来ますよ。でも断るんです。断るって言うか、本当の話しかしないから。イエス様を伝えたいということがあるのと、やっていないことをやっているようには言えないからです。マスコミは我々が話せば、いくらでもおもしろおかしく書いてくれますよ。でもその中で真理でないものを我々が語ってしまったら、人は喜んでも神様は喜ばない。いつもそのことでマスコミとぶつかります。我々が語りたいものと、マスコミが流したいものとの間にギャップがあるんです。彼らは小さなことも誇張して放送したいんです。でも我々がそのように話したら、神様に必ず問われる時が来る。人間って、結局は目に見えるものにしか価値を見いだそうとしないわけでしょう。本当にそういう世界で神の真実を現していくということは、とても大きな霊的戦いと言えると思うし、その中でしっかりと御言葉に立っていかなければならないと、今強く感じています。

　これからもいろいろな戦いがあると思います。私はヤクザの世界を追われて逃げた人間ですから、本来表に出てはならない人間です。出てはならない人間がこうして表に出たんですから、当然普通以上の戦いがあります。この本（『刺青クリスチャン』）にしても、全国、それもキリスト教界の外でも出ていますから、いつ私の命を狙っていた人たちがこれを目にするかもわからない。でも私はそういうヤクザの人たちもイエス様と出会うことができるようにと祈っています。そういう戦いをしながら一歩一歩ですけれども、歩ませていただいているというのが正直なところですね。戦いを覚悟でこれからも出て行かなければならないこともあるでしょう。けれども、イザヤ書の四一章の一〇節にあるように、最後の最後まで必ず神様が守ってくださると信じて歩んでいます。正直言って、私も家内も足りない者同士です。でも、我々みたいな者でもやり直せたんだから、あなたもやり直せるんだということを、一人でも多くの人たちに証しして、滅びに向かっている人たちの道しるべに少しでもなれればという思いで、こうして奉仕しています。

Q：そうしますと、今先生がなさっている働きの中で一番大きな戦いというのは、真実な証しをし続けるということでしょうか。

鈴木師：そうですね。本当にそれだけだと思います。私たちは証人ですし、証しというのは真実でなければならないでしょう。人間というものは、脚光を浴びて用いられるようになると、小さなことも誇張して話しがちなものです。自分の中にもそういう弱さがあることを感じます。そのことをお互い注意しながら、真実な証しを最後まで続けていこうと思っています。

（一九九九年一月二十日シロアムキリスト教会にて）

私の歩んできた道

尾山令仁

福音派への歩み出し

私がキリスト教信仰を持ったのは十九歳の終わりの頃で、第二次世界大戦の敗戦の余波がまだ色濃く残っていた頃、つまり一九四六年十一月のことでした。戦争が激しくなると、若者たちは皆、陸軍か海軍に入って国のために尽くそうという気持ちにかられ、私もその例に洩れず陸軍経理学校に入り、職業軍人への道を進んでおりました。しかし、戦争は終わり、今まで教えられてきたものがすべて否定されると、私は人生の大地震を経験し、今までその上に立って生きてきたものがすべて音をたてて崩れていってしまいました。

時代が変われば、考え方も変えなければならず、英語を敵性語として排除していた時代からがらりと変わって、英語の時代に入っていきました。私も遅まきながら英語、特に英会話の勉強をしなければならないという思いが強くなっていた時、陸軍士官候補生時代の同期生の紹介で、教会の英語のバイブルクラスに導かれました。それを指導しに来ていた日系二世のGI（アメリカ兵）の紹介で、GIゴスペルアワーという集会に出ることになりました。これは、GIが主催する伝道集会で、私はそういう集会であることを聞かされた時、断り続けたのですが、ついに彼の誠実さにほだされる格好で、その集会に出たのです。

その晩の説教者は、「聖歌」の編纂《へんさん》で知られている中田羽後先生で、先生はキリストが十字架上で、死を前にして祈られた祈り「父よ、彼らをお赦しください。彼らは自分で何をしているのかわからないのです」について話してくださいました。その日、私は主イエス・キリストを私の救い主と信じる決心をしました。

私が知っている教会は、英語のバイブルクラスに行っていた教会しかありませんでしたから、当然、その翌日の主日礼拝にはその教会へ行きました。それからずっとその教会へ行き、そこで翌年受洗をしました。しかし、薄々わかってきたことは、その教会は聖書信仰ではなく、聖書よりもカール・バルトを重視していることでした。確かに深みのある説教ではあるのですが、そこで信仰生活をしている人々は、牧師を含めて、信仰と生活に一致が見られませんでした。しかし、ＧＩゴスペル・アワーの方は、単純な信仰ですが、信仰と生活には一致があり、生き生きとしています。そこにいる人々には、湧き上がる喜びがあるのに反して、こちらにはそういうものがありません。私はまだ入信したばかりのヨチヨチ歩きのクリスチャンでしたが、どうしてもついて行くことができず、聖書信仰の教会に転会してしまいました。

福音派の体質

当時、福音派は弱小で、聖書信仰ではない人たちからは軽蔑の目をもって見られていました。「あの連中は、信仰は熱心かもしれないが、知的には全く低い無知な奴らだ」という声が聞こえてきました。当時は、何と言ってもバルトやブルンナーの盛んな頃で、その立場に立っていない者たちを軽蔑し、福音派の教団の名前など無視して「福音諸派」などと呼んでいたのです。

一九五九年は、プロテスタントの宣教百年に当たる年で、聖書を誤りのない神の言葉と信じる聖書信仰に立つ諸教団が一つになり、宣教百年を祝う大会を開き、そこに集まった人々の中から期せずして起こってきた声に従い、その翌年、日本プロテスタント聖書信仰同盟、略し

●おやま・れいじ
1927年東京に生まれる。早稲田大学大学院を修了。在学中にキリスト者学生会（KGK）を創立（1947年）。1953年東京神学塾を卒業後、ただちに路傍伝道による開拓をし、今日の聖書キリスト教会を築く。東京神学校校長。百冊余の著書。一人で全聖書を訳す（現代訳聖書）。アジアの人々への謝罪運動の実践者。東京リバイバルミッション（1998年）大会会長。

てＪＰＣが発足しました。これは個人単位で加盟する仕組みになっており、私も一人のメンバーとして加盟しました。ここには、改革派、ホーリネス、インマヌエル、日本イエス・キリスト、バプテスト連盟、ナザレン、日本キリスト教団、ルーテル同胞、聖契、福音自由、同盟、リーベンゼラー、単立教会など様々な教団教派の教職、信徒が加盟しておりました。

私は、聖書信仰の先輩や同輩や後輩たちの中で、教団教派を超え、交わりを持っておりました。そして、聖書信仰の内容の深化や普及のために微力を尽くし、伝道、牧会に励んでおりました。そして、そうした人々の中で、福音派の体質を身に着けていったわけです。

一概に聖書信仰とは言っても、かなり排他的な考えを持っている人々から、協調的な教えを持っている人々まで、いろいろな人々がおり、カルヴィニズムの人々からアルミニアニズムの人々に至るまで、かなりの幅がありますが、聖書信仰という一点において協力しておりました。

後に、日本プロテスタント聖書信仰同盟と日本福音連盟と日本福音宣教師団（ＪＥＭＡ）が合併して日本福音同盟が結成された時、当時日本プロテスタント聖書信仰同盟の実行委員長をしていた関係で、私はその副実行委員長となりました。このように、私は日本における福音派の中で歩んできましたので、良きにつけ悪しきにつけ、その体質を身に着けておりました。

話は少し前になりますが、私が入学した東京基督神学校は、まもなく分裂しなければならなくなるのですが、その一因として、一緒に学校で教えていた宣教師たちが余りに極端な排他主義に立っていたことがありました。この人々は、自分たちと少し考え方が違うと、福音派であってもすぐに批判をしました。また、ビリー・グレアムの伝道は、リベラルな人々とも協力して行うからという理由で批判し、攻撃したものです。私は最初、福音の純粋性保持のために必要なことであると思っておりましたが、神学校の分裂と共に、この人々から離れるようになって、初めてそういう人々の行動が、聖書の教えているところからすれば、パリサイ主義であって、真の聖書信仰からずれているのではないかということに気付き始めました。

やがて、そういうやり方は、パリサイ主義以外の何ものでもないということを身にしみて感じる事件が起こってきました。それは、私が教会員の結婚の司式をしたことに端を発する事件でした。一人の教会員が私の所へ来て、結婚したいので司式をしてほしいと言ってきました。その女性はクリスチャンなのですが、相手はノンクリスチャンでした。私は反対し、ノンクリスチャンとの結婚にまつわるいろいろな問題について話したのですが、その人は、どうしてもその男性と結婚したいと言って聞きませんでした。私はやむなくその結婚式の司式をしました。すると、教会外から猛然と攻撃の矢が放たれてきて、中には、私の教会員に手紙を送り、「あなたの牧師は罪を犯している」と言ってくる人まで現れたのです。

おまけに、あの排他的な宣教師たちが中心になって、私を抜きにした集会を彼らだけで開き、欠席裁判にかけて私を断罪しようとし、私をキリスト教界から葬り去ろうとする動きまで起こりました。もちろん、すべての宣教師がそのようにしたわけではなく、そこに招かれた一人の宣教師が、「尾山牧師の言い分を聞くために、ここに招くべきではありませんか」と発言したことによって、彼らの意図は達せられませんでした。

私と同じことをした人がほかにもいるのに、その人をたたくことをしないのは、その人が大きな教団の中の有力な牧師だからだと聞いた時、私は全く驚きました。

これは、極端な人の例なのですが、私たち福音派の中には多かれ少なかれこうしたパリサイ主義の体質があるのではないかということを、私は反省せざるを得ません。リベラルな立場の人々が福音派を軽蔑すると同じように、福音派にも困った体質があることに、私は常々心を痛めてきました。自分と考え方の違う人をやたらに裁く体質、また弱い者いじめをする体質には、本当に福音に生きているのかなと首をかしげざるを得ません。

私が今から四十数年前にアジアの人々に対する謝罪運動を提唱した時も、協力どころか反対されたほどです。今でこそ多くの人々が謝罪を口にしますが、それは「バスに乗り遅れるな」の思想のように思えてなりません。

聖書を誤りのない神の言葉と信じ、その御言葉の上に信仰生活を確立するのであれば、私は聖書信仰こそキリスト教の本流であると思います。ですから、その信仰の立場は決して間違ってはおりませんし、主イエス・キリストもその立場に立っておられました。

しかし、今日の福音派と主イエス・キリストとの間には、少しずれがあるのではないかという気がしてなりません。今日の福音派は自分の立場を正しいとして、少しでもそれと違う立場の人をすぐに裁いてしまいます。けれども、主イエス・キリストは、「愛、受け入れ、赦し」の実践者であられました。主イエス・キリストが厳しい言葉をもって戒め、裁いておられたのは、パリサイ派の人々でした。主は取税人や罪人や遊女の友達となり、彼らを受け入れておられました。

そういう点からすると、福音派はもう一度、聖書に帰る必要があるのではないかと思います。聖書を誤りのない神の言葉であると信じるのなら、当然そうしなければならないと思います。

本当の聖書信仰とは

私は聖書信仰こそキリスト教の本流であると確信している者として、聖書信仰と称している人々が、聖書よりも自分の教団教派の教えを重視している現実を見て、これがはたして聖書信仰と言えるのだろうかという疑問を抱かざるを得なくなり、伝道を開始する時、既存の教団の一員とはならず、真に聖書に基づいた教会を建てたいという願いをもって、路傍伝道から開拓を始めました。とは言え、全く無色透明の立場などというものはあり得ませんし、何らかの神学的立場を持っていたことは事実です。それは、穏健なカルヴィニズムでした。しかし、その立場を絶対化しないで絶えず聖書に帰ることをモットーにしてきたつもりですが、やはり自分もまたその立場から完全に自由であることはできませんでした。けれども、自分の立場を絶対化しない努力だけは続けてきたつもりです。そして、私が今日まで聖書信仰の立場に立ち、聖書の解釈については偏狭な独善主義を避けることを心がけ続けてきました。そしてもう一方では、広くいろいろな立場の人々と交わってもきました。

私が日本教会成長研修所の理事長をしている関係から、主としてアメリカの有力な牧師や学者たちと交わる機会を与えられました。その人々はいろいろな教派の教職で、聖書信仰という点では一致しておりましたが、細かなことになると皆違った考え方を持っていました。また、韓国の有力な牧師たちとの交わりを通し、かなり柔軟性を持った考え方をしていることを知ることができました。

セル・グループによって教会を大きく成長させたことで有名な、韓国のサラン教会の玉漢欽牧師が、こんなことを言われました。「私は自分が力のないことをよく知っています。もっと力が欲しいと思い、ヨイド純福音教会の趙鏞基牧師に教えを乞うています」。それを聞いた時、私は本当に驚きました。当時、玉牧師はすでに一万人を越す会衆を持つ大教会の主任牧師として多くの人々から尊敬されている人でした。しかも、正統的な福音派とも言うべき合同派の長老教会の牧師なのです。私は、玉牧師の言葉に驚くと共に、聖霊派に対する警戒心がなくなっていくのを感じました。

これは、玉牧師一人の考えであるだけでなく、保守的な点においては最も固いと言われる同教団に属する神学大学の組織神学の教授も、聖霊派ではないかと思われるような聖霊論を展開しておられることを知って、本当に驚きでした。

と同時に、韓国だけではなく、アメリカにおいてもそういう傾向があり、アジアのほかの国々でも、福音派と聖霊派が一緒に主の働きをしている事実を見て、私は自分の考え方の方向転換を余儀なくされるような思いをしないわけにはいきませんでした。しかし、だからと言って、すぐに私の考えが変わってしまったわけではなく、聖霊派に対する偏見が取り去られていったと言った方がよいでしょう。

その頃、私は一人のアメリカ人の友人から一冊の本をもらいました。*Surprised by the Power of the Spirit*（日本語版は『御霊の力に驚かされて』の邦題で真菜書房より刊行）という、元ダラス神学校の教授ジャック・ディア博士が書いた本でした。もらったまま本棚に入れておいたのですが、ある日曜日の朝、どういうわけか私は午前三時に目が覚めてしまい、その時、彼からもらったその本を読んでみました。どうしてその時、その英語の本を読む気になったのか、今でもよくわかりません。しかし、その冒頭の部分を、私は時間のたつのも忘れて読んでしまいました。

著者は、神学校の旧約学の教授であるだけでなく、牧会もしていたらしく、春の聖書集会を開くことにし、その講師としてジョン・ホワイト博士に来てもらうことにしました。そこで、彼の本を出版している出版社に電話をして、彼の特別講師を依頼するにはどうすればよいかを聞くと、ホワイト博士の予定はこの先一年半はすべてつまっているからだめだということでした。手紙を出して招待状を送っても断り状が来るだけでしたが、ジャック・ディア博士はあきらめられず、個人的に手紙を出しました。それから二、三日するとホワイト博士から電話があって、行くと言うのです。どういう内容かを聞くと、「誘惑を支配するキリストの権威」と、「罪を支配するキリストの権威」と、「悪霊を支配するキリストの権威」と、「病気を支配するキリストの権威」だと言うのです。ジャック・ディア博士は、悪霊や病気という言葉が出て来たのでびっくりするのですが、ホワイト博士は元々医者であったからまあいいだろうと納得しました。ジャック・ディア博士が本から知っているホワイト博士はもっと知的な人だと思っていたので、そういうことを聞いて驚いたわけです。悪霊の追い出しや病気のいやしはイエス・キリストが地上生活をしていた時には確かにあったが、もう今ではないはずだというのがジャック・ディア博士の聖書理解でした。

その後、ジョン・ホワイト博士が来て、素晴らしい講義をした後、いやしのミニストリーをするのですが、別に感情をかき立てるようなことをしたわけではないのに、驚くべきことがジャック・ディア博士の目の前で起こりました。

こうして、ジョン・ホワイト博士を迎えての集会は終わるのですが、ホワイト博士がジョン・ウインバー牧師の教会に出席しており、いやしについてはジョン・ウインバー牧師に聞くことを勧めてくれたということもあって、ジャック・ディア博士は、ジョン・ウインバー牧師に関心を持つようになりました。ホワイト博士が帰ってから約二週間後にジョン・ウインバー牧師がフォートワースのバプテスト教会に来ることを耳にし、ジャック・ディア博士はそこへ行くことにしました。その教会は聖霊の第三の波と呼ばれる新しい運動に入っている教会であるということもあって、彼は余り気が進みませんでした。ジョン・ウインバー牧師については、福音派の中では余りよい評判を持っていなかったということもあって、彼は一人では行かず、何人かの人と一緒に行きました。

ジャック・ディア博士は、かなり警戒心をもってジョン・ウインバー牧師の話を聞いていましたが、彼の話すところは非の打ち所がないほど完璧に聖書的でした。話の後、いやしのミニストリーが始まりました。いよいよここからはだまされまいと心に決めました。すると、ジョン・ウインバー牧師が、こう言うのです。「今晩、主がなさりたいことは何なのか、主は私に教えてくださいました」と言ってから、「ここには背中に激しい痛みのある女性が一人おられます。その方は、どうぞ前に出て来てくださいませんか。主は今すぐいやしてくださいます」と言いました。けれども誰も出て行きませんでした。ジャック・ディア博士は、その時、こう思いました。「かわいそうに、今晩の集会は、最後のこれで彼が恥ずかしい思いをして閉じなければならないのだろうな」。しかし、ウインバー牧師は少しもあわてず、次にこう言いました。「その方は数日前に医者に行きました。その痛みはもう数年も前からのものです。どうぞ前に出てください」。しかし、誰も前に出ては行きせんでした。ウインバー牧師は祈っているようでしたが、顔を上げて、次にこう言いました。「あなたの名前はマーガレットです。さあ、マーガレットさん。立ち上がって、すぐここへ来てください」。すると、中央の通路の半ばあたりにいた女性が立ち上がり、前の方へおどおどしながら歩き出しました。

ジャック・ディア博士は、その時驚きの目を見張ると同時に、もしかするとあの女性はさくらであり、あちらの集会ではあそこが悪い、こちらの集会ではここが悪いと言っては出て行き、いやされたと言っているのではないだろうかと思いました。ところが、その時、彼のすぐ隣りに座っていた十五年来の知人が、「あのマーガレットは、私の義理の妹だ」と言ったのです。そしてその女性は前に出て、数人の人が彼女のために祈った時、何年間もこらえてきた病気からいやされたのでした。

この驚くべき出来事を目の当たりにして以来、ジャック・ディア博士の考え方は変えられていきました。私はこの小説よりも奇なる出来事を記した本のほんの序論の所を、朝まで読み続けておりました。

彼はこの本の中で、なぜこのような驚くべき奇蹟が現代も起こるということを、多くの福音派のクリスチャンは信じないのかと言うと、それを見たことがないからだと言っており、彼もそうであったと言っております。それでは、どうしてそのような驚くべき奇蹟を見ないのかと言うと、それが今も起こることを信じないからだと言っております。主も不信仰な人々の所では力ある奇蹟をなさらなかったからです。(マタイ一三章五八節)

私は、彼のこの本の中で教えられたことがたくさんあります。彼はJ・I・パッカー博士の言葉を引用しておりますが、それは極めて重要なことだと思います。

「どんな人も伝統から自由になっているとは言えない。……クリスチャンは誰でも伝統から恵みを受けると同時に、その犠牲にもなっている。疑問を持たなければならない事柄は、人間的・一時的・相対的なものであると考えられなければならないのに、それをそのまま容認して、神聖かつ絶対的な信念や行動様式としてしまっているという点で犠牲者である」

つまり、本当の聖書信仰というのは、聖書がはっきり教えている箇所については、誰にも譲ってはいけないのですが、聖書がそれほどはっきりと教えていない箇所については、自分の聖書解釈を持つことは構いませんが、それを絶対化せず、ほかの解釈もあり得ることを認める寛容さが必要になって参ります。そのことを私は痛切に感じるようになっていったのです。

とくに福音派は、同じ聖書信仰に立つ聖霊派の人々に対して、もっと寛容であるべきだと思います。この両者には、多くの共通点があります。クリスチャンとは聖霊によって新生した人であると認め、聖書を誤りのない神の言葉と信じ、キリストの神性、処女降誕、身代わりの贖い、体の復活、再臨など、共通の信仰を持っています。違うのは、聖霊のバプテスマについての理解、聖霊の賜物がすべて今でもあるかどうかということと、直接啓示を認めるかどうかという点などです。

霊的戦いの本質についての理解

聖書を誤りのない神の言葉であると信じるクリスチャンなら、私たちクリスチャンが現在も経験する霊的戦いがあるということを知っています。知ってはいますけれども、敗北を繰り返していることもまた事実ではないでしょうか。それはなぜなのかと言いますと、霊的戦いの本質をよく理解していないからだと思います。

以前の私は、霊的戦いについて、それは新生した側と生まれながらの側の葛藤ぐらいにしか理解していませんでした。もちろん、生まれながらの性質の背後には悪魔や悪霊がいることも知らないわけではありませんでした。頭では知っていても、その熾烈な戦いを実際には経験していないため、楽観的な戦いをし、その多くは敗北でした。誘惑に負けるだけでなく、御言葉に従うことにおいても失敗を繰り返していました。

聖書が三位一体の神であるということは信じていましたが、聖霊の御声に対しては鈍感でした。それは聖霊だけではなく、神の御声を聞くことに失敗していたのです。多くの人の祈りがそうであるように、私の祈りも、賛美、感謝、告白、とりなし、願いがすべてで、祈りにおいて神の御声を聞くということはしませんでした。祈りにおいて、神の臨在を意識したことはなく、ほとんどはこちらからの一方的な語りかけで、いわば独り言にすぎなかったのです。神との会話であるはずの祈りが、独り言であれば、あとは推して知るべしで、私の信仰生活は上滑りのものにすぎなかったわけです。つまり、神の御前に生きる信仰生活ではなかったと言ってもよいでしょう。それでは、自分の知恵や力によって信仰生活をしているわけですから、敗北を繰り返してもおかしくはなかったわけです。

聖書には、「偽り誓ってはならない」と教えられているのに、自分では気付かずに偽りを言っていたことに気付かされました。偽りとは、白を黒と言うことだけではありません。本当なのかどうかを確かめもしないで、あたかも本当であるかのように語ることも偽りのはずです。私は、ある人が私のことについて全く根も葉もないことを語っているのを知って、非常に腹が立ちましたが、よく考えてみると、自分も同じようなことをしていたことに気付きました。私は、それが御言葉に違反した罪であることを知り、悔い改めました。そのことによって、その人がどれほど傷ついていたかを知り、その人の所へ行って、心から謝りました。

また、主は、「わたしがあなたがたを愛したと同じように、互いに愛し合いなさい」と教えられましたが、私はこの戒めも破っていることに気付かされました。愛と反対のことの一つは裁くことです。私は自分で確かめたわけでもないのに、福音派の中で言われている聖霊派に対する偏見を持ち続け、聖霊派を毛嫌いし、彼らを受け入れようとはしませんでした。彼らは直接啓示を受け入れることによって、特別啓示である聖書を軽視するとか、教会を分裂させる連中だというのが、大方の福音派の評価で、私もそれを何の疑いもなく受け入れておりました。しかし、神の啓示は、聖書の完結と共に終わったということは、聖書のどこにも確かな証拠はありませんし、たとい直接啓示を認めたとしても、聖書に違反しない限りであるならば、別に異端と言うことはできないわけで、直接啓示を認めるから異端であるというのは、少し論理が飛躍しすぎています。確かに聖霊派の働きによって教会分裂はあったかもしれませんが、それがすべてではなかったわけですから、ことさらにそこだけを強調するのは公平とは言えないでしょう。

聖霊派の人々も新生したクリスチャンなのですから、彼らを愛さなければならないはずです。彼らはクリスチャンでも、彼らの信じているところは聖書とは違うと言うのなら、福音派の中にも自分と違う考え方を持っている人はいるのですから、聖霊派の人々の主張に対して謙虚に耳を傾けなければならないと思いました。

私の尊敬するマーティン・ロイドジョンズ博士は、『言葉で言い表せない喜び』という本の中で、聖霊のバプテスマについて、緻密な聖書釈義をしながら、それを第二の恵みとして受けることが重要であることを教えているのが目にとまりました。この本はまだ日本語に訳されていないのが残念ですが、私はこの本によって、目からうろこが落ちるような思いをしました。聖霊のバプテスマについての、みのり少ない論争に明け暮れるよりは、この一冊を読むことこそ、目を開かせてくれるものであると確信しております。

私は今、霊的戦いを戦っていく中で、多くのクリスチャンがその本質を見失っているのではないかと思い、心から憂えるものです。というのは、もしも霊的戦いとは何なのかということが本当にわかっていたら、クリスチャン同士が争ったり戦ったりするはずがないからです。クリスチャン同士を戦わせて、共倒れするように願っているのは、悪魔にほかなりません。こんなことを神がどうして願われるでしょうか。ですから、やれ福音派だ、やれ聖霊派だなどと言って、互いに非難をしたりすることをやめなければいけません。もしもそれをし続けるのであれば、余りに霊的なことに対して鈍感であることを暴露してしまっていると思います。神を悲しませ、悪魔を喜ばせていて平気なクリスチャンがどこにいるでしょうか。

私たちの霊的戦いの相手は、悪魔と悪霊であるということを知らなければなりません（エペソ六章一二節）。もしもそれが本当にわかっているなら、福音派と聖霊派の対立は解けるはずです。そんなことをしている間に、悪魔や悪霊どもはのさばり、ほくそ笑んでおります。

私たちクリスチャンの霊的戦いが本当にわかったら、悪魔や悪霊どもに立ち向かうために何をしなければならないかがわかるはずです。聖書は、はっきり教えています。まず神の大能の力によって強めていただくこと（エペソ六章一〇節）。次に、神の武具をすべて身につけること（エペソ六章一一～一七節）。そして最後に、聖霊によって祈ることです（エペソ六章一八節）。ここで教えられていることは、すべて神の力や、神の備えてくださった武具や、御霊による祈りであって、どれ一つとして神からのものでないものはないということです。

主イエスが地上生活をしておられた時、主イエスはよく静かな所へ行っておられました（ルカ五章一六節）。神の御子であられる主イエスがなぜそうされたのかと言うと、絶えざる悪魔や悪霊の攻撃にさらされた時、ご自分の知恵や力によってではなく、父である神の御心を求めて行動されたからです。

神の御子であられる主イエスにしてそうなのですから、私たちクリスチャンが神の助けと力なしに成功すると思ったら間違いです。祈りにおいて神の御声を聞かなければなりませんし、聖霊の細い御声に耳を傾けなければなりません。私は、神の御声を聞けるようになるまでは、失敗を繰り返していました。祈りは独り言にすぎず、祈りにおいて神の御声を聞くなどということはありませんでした。

神の御声を聞くなどと言いますと、人間の声を耳で聞くように神の御声が聞こえてくるかのように思う人がいるかもしれません。しかしそうではなく、神の臨在の中に静まっていると、神の御心がわかってくるのです。しかし、これを体験するまでには、ずいぶん時間がかかりました。初めのうちは、雑念ばかり湧いてきて、神の御声を聞くことはできませんでした。その頃は、神の御声を聞ける人は、ある特別な人なのではないかとさえ思って、失望したものです。

祈りにおいても、最初のうちは、黙って祈っていると、雑念ばかり湧いてきて、祈りになりませんでした。そのうちに声を出して祈るようにしました。すると、その自分の言っていることに心が集中できて、祈れるようになり、やがて声を出さなくても、心が集中できるようになったのです。

そのことを思い出して、神の御声を聞こうとする時、声を出して賛美の祈りをし、神に心を集中しました。次第に声を小さくし、ついには声を出さなくても、神に心を集中することができるようになりました。そうしているうちに神の臨在を感じるようになったのです。その中で神の御声に心の耳を傾けるようにしますと、神の御声が聞けるようになり、神の御心がわかってきました。

神の御心がわかってくると、今まで自分がしていたことの中で、決して神の御心ではないものが見えてきました。クリスチャン同士がお互いに裁き合っていることは、神の御心ではないどころか、神がどんなに悲しんでおられることかということがわかってきました。ですから、私はそれをすぐやめたのです。

また、私はそれまで自分が属していた福音派の人々の目や口を気にしていた信仰から、神の御前に生きる信仰に変えられました。ほかの人からどう言われるかではなく、神の御心は何なのか、神が喜ばれることは何なのかを考える生き方ができるようになりました。

まだまだ不十分ですが、伝統よりも聖書の教えているところに忠実にありたいと願っております。もちろん良い伝統は尊重しなければなりませんが、何よりも聖書最優先の信仰に立ち、これからも歩んでいきたいと思っております。

カイロス
NEXT STEP SERIES Step1

戦いへようこそ

～霊的戦いを理解するために～

トム・ホワイト

戦いのための視点

聖書は、主イエス・キリストが多くの働きをなさったことを明確に述べています。イエス様は救い主であり、教師であり、いやし主であり、王であられました。主はまた、「解放者」でもあられました。最初の人間であるアダムとエバが堕落して後、主なる神は悪魔の領域と人間との間に緊張関係を作り出されましたが、蛇に対してさばきを下して言われました。「彼は、おまえの頭を踏み砕き、おまえは、彼のかかとにかみつく」（創世記三章一五節）。来るべきメシヤが、その敵の働きを打ち砕く聖なる権威と力を持つことになっていました。使徒ヨハネはこのことを次のように宣言しています。「神の子が現われたのは、悪魔のしわざを打ちこわすためです」（Ｉヨハネ三章八節）。パウロはコロサイの信徒たちに次のように語っ

Thomas B. White
アズベリー神学校を卒業後、牧師や巡回伝道者として奉仕する。現在はオレゴン州コーヴァリスにあるフロントライン・ミニストリーズの代表。霊的戦いのための分野において幅広く活動している。著書に『霊の戦いの戦略』（マルコーシュ・パブリケーション、1993年）、*Breaking Strongholds : How Spiritual Warfare Sets Captives Free* (Vine Books, 1993) がある。

ています。「神は、私たちを暗闇の圧制から救い出して、愛する御子のご支配の中に移してくださいました」（コロサイ一章一三節）。神の啓示の中でも中心的な主題の一つは、闇に対する光の究極的勝利であり、天使の悪霊に対する勝利であり、神の聖徒たちが世や肉や悪魔といった力に打ち勝つことです。しかし、失われた人々が救いを見いだすことを妨げ、キリストに仕えようとする聖徒たちを悩ます悪しき者の働きは、しばしば私たちの教えの中で無視されています。

神の国の働きを進めていこうとする時に、私たちはしばしば人質解放の時にも似た大きな危機に直面します。つまり、悪魔とその配下の軍勢は、人々の理性をくらませ、その思いを束縛しており、人々の魂を不信仰と虚偽の中に捕らえているのです。私たちは、悪しき霊が失われた人々の人生に蒔かれた真理の種を奪い取っていく（マタイ一三章一九節）という聖書の主張を、本当のこととして認識しているでしょうか。

敵について語る時に、私たちがまず理解しなければならないのは、私たちの神は主権者であられるということです。神は人間や天使を創造された時に、自分で意思を決定する能力を持たせたことによって、人間や天使が傲慢になったり、独立して反旗を翻し、主の造られた完璧な世界を汚してしまうかもしれないというリスクを冒されました。堕落ということは、今では痛ましい歴史上の事実となってしまいました。しかし、サタンやエバやアダムの堕落は、神にとって予想外の出来事ではありませんでした。主の贖いのご計画は、天使や人間の愚行よりも前に立てられていたのです。主の英知は絶大なものです。主は悪をも用いて、さらに素晴らしい良いことに役立てられるのです（イザヤ五四章参照）。このことが、ヨブの生涯に表されていたことを、ヨブ記四二章二節の「あなたは、どんな計画も成し遂げられることを、私は知りました」という言葉から、はっきりと見て取ることができます。神は悪霊や人間たちという「この時代の支配者たち」すらも「用いて」、ご自身の祝福された御子の死を成し遂げられたのです（使徒四章二七〜二八節）。私たちには勝利が保証されていることの故に、神をほめたたえます。パウロの言葉によれば、何ものも「私たちの主キリスト・イエスにある神の愛から、私たちを引き離すことはできない」のです。勝利者は既に決定されています。私たちは主によって勝利する側にあるということを忘れてはなりません。私たちの成すべき仕事は、主の勝利の計画を実行していくことであり、主の戦利品を手にすることなのです。悪魔は、特に自分の時が短いと悟った時には、最後まで戦いを挑んでくることでしょう。しかし、私たち人間が常に勝利することを心にとめておくならば、私たちはその仕事を喜んで行うことができるのです。

今日、クリスチャンの奉仕者は四つの分野で備えをしなければなりません。第一に、私たちは自分の文化に基づいて考えるだけではなく、聖書的に考えなければなりません。また、神とその御使いたちと、サタンとその悪霊どもとの、人間を挟んだ宇宙的戦いについて述べている、超自然的世界の描像を受け入れなければなりません。私たちは、福音のメッセージに対する抵抗は、単に知的問題やライフスタイルの選択に関する問題だけではなくて、霊的戦いでもあることを理解しなければなりません。私たちの人生の中での戦いのありのままの姿を認識することができる眼を養ってくださるように、神に真剣に祈り求めることをお勧めします。ヨハネは信じる者には「聖なる方からの注ぎの油がある」(Iヨハネ二章二〇、二七節)と述べており、彼らは光と闇、真理と偽りを見分けることができると述べています。このような、聖霊によって与えられる識別力を養っていただくよう祈っていきましょう。

第二に、信じる者は、自分が敵の抵抗の対象になるということを認識しなければなりません。私たちは超自然的な攻撃を受けた時にサタンの介入をより鋭敏に察知し、それに対して神の武具や力ある武器によって対処していく術を習得していかなければなりません。神の武具は有効で(しかしそれを押し入れの中にしまい込んでいない時に限ります)、その武器は大きな働きをします(私たちがそれを責任を持って用いない時は、その限りではありません)。防御のための武具を活用し、神の力強い武器である御言葉や祈りや信仰をもって、敵の抵抗を乗り越えていきましょう。

第三に、私たちは御言葉の貴重な種を盗んでいく「空の鳥」のような悪霊を見分け、それによりよく対処していくことができるようにならなければなりません。私たちは、どのようにして超自然的なおおいを突き破って捕らわれ人を解放すべきなのかについて学ぶ必要があります。もし私たちが敵の陣営を効果的に略奪しようとするなら、どのようにしたら魂を闇から光へ、サタンの支配から神の支配へと移し替えることができるのかを知る必要があります（使徒二六章一七～一八節）。

第四に、私たちは暗闇の勢力が、ある人々や地上の場所に対して特定の策略を用いること、また、ある地域の人々の思考様式を規定し、生活を支配する悪の要塞が存在するということをよく理解する必要があります。これは事実上、イデオロギー的な大気汚染です。私たちはまだ救われていない人々へのとりなしのための手引きとなる、詳しい情報に基づいた識別力を手にする必要があります。私たちは、地域を支配していると思われる霊の名前を知ることに拘泥するべきではありません。私たちはどのように祈ったら神の御力を解き放って暗闇を退け、御国を前進させることができるかを知る知恵を求めていくべきなのです。私たちは、戦略的な霊的戦いのいくつかの原則について理解し、それらを実行していかなければなりません。

何が問題なのか

私たちは、神に対する反逆や暴力、不品行、宗教的虚偽、そしてヒューマニズム（人本主義・人間中心主義）がますます増大する時代に生きています。このような歴史の目に見える動きの背後にあって、神の贖いのご計画に逆らって立っている、偽りの父である敵が存在します。彼には二つの大きな目的があります。暗闇の勢力の第一の目的は、新生していない人々を欺き、その注意をそらせて、イエス・キリストにある贖いを見いだすことができないようにすることです。簡単に言えば、敵の取る手段は、種々の偶像礼拝、すなわちヒューマニズム、享楽主義、物質主義、また、まことの神を礼拝させなくする種々の宗教や哲学体系などです。第二に、暗闇の勢力はキリストの体を苦しめ、教会が効果的で実り多い奉仕に喜びをもって従事することを妨害することです。彼らは私たちを誘惑し、そそのかして罪を犯させようとし、私たちの弱さを狙って火矢を射かけ、仲間のクリスチャンとの交わりを壊し、王なる方に仕える気力を挫こうとしてくるのです。

ここで次のように「霊的戦い」を定義してみたいと思います。

「霊的戦い」とは、有史以前から始まり、今も続いている、主権者なる神と反逆した被造物であり、天使的存在であるサタンとの間の戦いを指す。敵なるサ

タンとその他の堕天使たちは、人間の人格において罪を増し加え、人間の文化を通して不敬虔な価値観を促進させることによって、贖われていない人々が救われないようにし、贖われた人々がキリストにある豊かさを楽しみ、実りある奉仕を行うことを妨げる。イエスのしもべは、イエスの勝利を証しすることによって（使徒一章八節、同二六章一七～一八節）、神のご計画に逆らって立つ敵の策略を「明るみに出し」（エペソ五章一一節）、それに「対抗し」（エペソ六章一〇～一七節）、「打ち勝つ」（Ⅰヨハネ二章一三～一四節）ように召されている。

この定義に照らして考えるなら、議論を進めるために次のような前提を立てることができます。つまり、暗闇の勢力に脅威を与えるすべてのイエス・キリストの僕は、敵の攻撃目標となる可能性が大いにあり、自分たちに対抗してくる悪の策略を見分け、それに対処するために、油断なく備えをしなければならないということです。私たちはサタンの策略をよく察知して、それを打ち壊す必要があります。このことは、戦いの現実性とその激しさを認識するところから始まっていきます。そしてこのことはまた、私たちが聖書的な霊的見分けと、主イエスから私たちに与えられている権威に立ってより大胆に行動することを、牧会神学の中に組み込んでいくところから始まっていくのです。

新生したばかりの霊的新生児からベテランクリスチャンまで、すべての信者には戦いに直面する時が訪れます。まことの神を信じていない人々の中で、聖徒として生きている以上、時には否定的な意味で注目を集めることがあるということです。私たちは、このような信者に対する「一般的戦い」に直面する覚悟をしておかなければなりません。このような戦いの典型は、迫害や恐れや失望といったものです。より活動的で目立つ働きをするクリスチャンの奉仕者は、もっと頻繁に強力な敵の攻撃を経験することがあります。このことは、長期にわたる深刻な抑圧や、結婚関係や子供たちに対する圧迫、より多くの罪がまとわりついてくること、あるいは人間関係の危機などの形をとることがあります。

神はその恵みによって、人生における罪の力に対処するための解答を与えてくださいました。同様に、主は私たちがサタンに対抗するために完全武装するための神の武具と、御子イエスの権威を与えてくださったのです。

私たちは自分たちに与えられている力を正しく用いなければなりません。私たちは神の恵みと賜物を責任を持って用いるために、信仰のギヤを正しくかみ合わせなければならないのです。

個人的な防御を固める

多くの信者にとって、霊的戦いに巻き込まれることは、その時々の状況に応じた一時的なものでしょう。ある人は麻薬やオカルトに手を出した若者に関わることになるかもしれません。私たちが信仰や祈りや福音を宣言することによってサタンの境界線を突き破っていく時、悪の勢力がそれを押し戻そうとしてくることが予想されます。これは恐れや圧倒的な失望感、異常な緊張や、夫婦や家族の間における口論などの形をとってくることがあります。またそれは肉体的な病、例えば極度の疲労、頭痛、原因不明の病気、継続的な不眠症などの形をとることもあります。注意深いクリスチャンは、信仰によって神に身を委ね、主の御名を大胆に呼び求めることによって、詩篇九一篇、ヨハネ一七章一五節、Ⅱテサロニケ三章三節にある約束を適用することができます。A・W・トーザーは、次のような有益な洞察を与えてくれています。

いくつかの理由によって、サタンは真のクリスチャンを憎んでいる。一つには、真のクリスチャンは以前は彼の奴隷であったのに、その奴隷状態から逃れ出た存在であって、彼はその侮辱を赦すことができないのである。もう一つの理由は、よく祈るクリスチャンはサタンの安定した支配に対する絶えざる脅威となるからである。クリスチャンとは、この世に解き放たれ、神の御座に近づくことのできる、聖なる反逆者なのである。(『ディシジョン』誌一九九〇年三月号)

祈り、証しをするクリスチャンは、サタンをいらだたせる存在です。私たちは、いくらかの苦悩や困難がやってくることを覚悟しておくべきです。しかし、このような圧迫は、いずれは止むべきものです。もしその圧迫が、長期にわたっているならば、その原因をつきとめるために、自分自身を吟味してみてください。「悪魔がこれほどまで私を打ち負かし続けているのには、何か理由があるのだろうか。敵の攻撃を受けやすい部分のドアが閉ざされていないのだろうか。あるいは、私生活の土台に、サタンに機会を与えるような亀裂が生じているのだろうか」。

霊的衝突を生む四つの原因

多くの人々は、自分の奉仕の中で何か不都合が起こると、すぐにそれを悪魔のせいであると思い込んでしまいます。しばしば私たちは、実際以上に悪魔にいろいろな働きを帰してしまっています。しかし、この堕落した世界という環境の中で生きる時には、多くの問題が生じてくるものです。悪魔の関与について述べる前に、衝突が生じる三つの分野について見てみることにしましょう。

第一に、私たちは罪の力に直面します（ローマ七章一四～二〇節）。パウロははっきりと、真っ先に戦わなければならない敵は、まだきよめられていない自我であると述べています。それは自分の「古い人」による理屈や反応、すなわち高慢や怒り、苦々しい思い、悪意などを引き起こそうとする傾向で一杯になっている所です。私たちは自分の態度や行動に対する自分の責任に対して、正直に向き合わなければなりませんし、聖霊が私たちに罪を認めさせる時には悔い改めて、十字架のきよめをいただかなければなりません。

第二に、この世のシステムの影響力が私たちを取り囲み、入り込もうとしてきます（Iヨハネ二章一五～一七節）。贖いを受けていない人間は、「この世の神」に従属した存在です。ヨハネは、「全世界は悪い者の支配下にある」（Iヨハネ五章一九節）と述べています。傲慢と反逆を生み出した者であるサタンは、不敬虔な価値観を促進しています。神の啓示から離れては、人は自分の勝手な考えや、偽の預言や、偽りに満ちた宗教的システムの犠牲になってしまいます。この世界は、物質主義やヒューマニズム、享楽主義や官能主義など、あらゆる種類の偶像礼拝の巣窟となってしまいました。教会は正直に次のように問うてみなければなりません。「教会の中に世の力が入り込んできているのだろうか、それとも、教会の存在が、世に勝つ力となっているのだろうか」。

この世と肉と悪魔の相互関係について、最も率直な教えを書いたのはヤコブでした。ヤコブ書の四章一節から一〇節の中で、どのようにしたら効果的に悪魔に立ち向かうことができるかを述べています。その中で教えられているのは、個人的な罪を処理し、世に対する愛着を捨て、神に従い、二心を取り除くことです。**私たちが町や国にある敵の要塞を効果的に取り扱っていこうとするなら、まず自分たちの内側にある罪や世俗主義の要塞を取り扱っていかなければなりません。**

信者たちが直面する戦いの三番目の原因は、堕落した生活に伴う諸問題です。パウロは肉体にあるとげに悩まされましたが、それがあまりにも彼を苦しめたので、彼はそれを取り除いてくださるようにと、主に叫び求めました（Ⅱコリント一二章一～一〇節）。彼はそのとげを「サタンの使い」と呼びました。それが、うつ状態、弱視、あるいは人格的弱さであったのか、何であったのかは、はっきりわかりませんが、それが自然的な疾患であり、おそらくはパウロの働きの効果を減じようとして、サタンがいっそう重くして用いていた弱さであったということがわかります。パウロが自分の戦いを主に委ねたため、サタンの攻撃は彼にはねかえっていきました。神は不思議な方法をもって、ご自身の僕の上に、より大きな恵みを注がれたのです。

十字架に仕える人々のうち多くの人が、私が「人間の苦しみの基本セット」と呼んでいるものに苦しめられています。ある人はうつ病の発作と戦っていますし、病気やアレルギーや生化学的な物質のアンバランスと戦っている人もいます。私たちは、不完全な「肉体の家」に宿って、不完全な世界に生きているのです。これらの混乱を生み出したのはサタンですが、それ自体は悪魔的なものではありません。私たちの病気は、もとをたどれば人類の堕落の結果生まれたものですから、医薬品やカウンセリングや自然的療法の助けを求めることで苦痛が軽減されるのなら、そのようにしましょう。しかし、もし神がその病を残しておくことを選ばれたのなら、私たちはその状態に神と共にとどまって、主の恵みが私たちに十分であることを信じなければなりません。もし私たちが試みや逆境の中で神が善なる方であることを疑うなら、私たちは敵の攻撃に対して弱さを持ち続けるようになってしまいます。神は私たちの弱さを用いることができるようになるのを待っておられるのです。私たちは霊的抑圧を見分け、大胆に神の御言葉に立って、敵が射かけてくる矢をはねのけなければなりません。

第四に、非常に現実的な、サタンからの圧迫が存在します。もし神の武具を身につけてもその圧迫を打ち砕くことができず、祈りをしても暗闇が残っているならば、次のように自問してみてください。「私の生活の中に亀裂や、開かれたままの扉があるので、敵の矢の攻撃にさらされやすくなっているのだろうか」と。

一般的には、クリスチャンたちは主として次の六つの領域において霊的圧迫を受けやすいことがわかります。

①敬虔さが蝕まれていくこと（黙示録三章一四～二二節）。この世の価値観に継続的に妥協していくこと。

②罪を告発し、利用すること（黙示録一二章一〇節後半）。

・世代に関わる罪。先祖によって開かれ、敵に「場所」を与えることになった扉。

・回心前の罪。敵の面前で確実に閉ざされたことのない、古い生活から残っている扉。

・回心後の罪。罪を正直に、そして時にかなって処理することを怠ると、敵に「足場（機会）」を与えることがあります（エペソ四章二七節）。

・他人の犠牲となる場合。時として、暴力的あるいは性的虐待（特に近親相姦）が、悪霊の影響を受けるきっかけとなることがあります。

③敵の火矢（エペソ六章一六節）。

・罪への誘惑。クリスチャンを誘惑して、神の道徳的な戒めに関して妥協させようとする悪魔的な力の働き。

・弱さへの誘惑。感情的・心理的な弱さに対する圧迫。

④人物や場所を通した攻撃。悪霊の影響を受けた人物や場所と関わりを持ったことに起因する圧迫。

⑤戦いの最前線で受ける攻撃（Ⅰテサロニケ二章一八節）。キリストのしもべが戦略的に暗闇を脅かしていく時に起こる霊的な苦悩。

⑥欺き（Ⅱコリント一一章三節、ガラテヤ三章一節）。精神的あるいは教理的欺きの危険性。クリスチャンであっても、精神的・道徳的レベルにおいて、偽りの父にだまされ続けていることがあります。

私はこれらの六つの領域については、拙著『霊の戦いの戦略』（邦訳はマルコーシュ・パブリケーション、一九九三年）において詳しく取り扱いましたので、ここでは簡単に要点だけを述べたいと思います。

キリストの証し人となるという、真剣な召命を受けたクリスチャンはすべて、暗闇を突き破る光となり、きよい生活を送ることによって、敵の圧迫の手をはねのけることができます。私たちは、罪からきよめられ、人生で受けた傷をいやされた器になりなさいという、神からのチャレンジを心にとめるべきです。人はみな罪の性質を持っています。神様以外に完璧な方はおられません。だからこそ、私たちは、今まで犯した罪や、受けた傷を認め、隠すことなく神の御前に告白し、きよめていただきましょう。そうするならサタンは、私たちに何の影響も及ぼすことができません。イエス様は弟子たちに「この世を支配する者が来るからです。彼はわたしに対して何もすることはできません」（ヨハネ一四章三〇節）と宣言されているのです。兄弟姉妹たち、主はあなたがた自身が確信を持って「悪魔は私の奉仕の領域には、何の足がかりも持っていない！」と言うことができるようにと望んでおられます。ヤコブ四章六～一〇節の御言葉は、私たちがこのような自由を確証するために必要なすべてのものを与えてくれます。

敵の圧迫に対処するための聖書的な手引きについてお分かちしたいと思います。ここではパウロがピリピの信徒たちに与えた言葉を心にとめましょう。「あなたがたが私から学び、受け、聞き、また見たことを実行しなさい。そうすれば、平和の神があなたがたと共にいてくださいます」（ピリピ四章九節）。この御言葉を実行するなら、悪魔は逃げ去ります。

敵に立ち向かう

注意深い予防措置が、最良の防御となります。神は恵みによって私たちに五つの霊的武具と三つの武器を与えてくださいました。これらを正しく定期的に用いていくなら、私たちは神の聖なる守りを得ていくことができます（エペソ六章一〇～一八節）。パウロが私たちに、イエス・キリストを「着る」ように勧めているように、神の御臨在と約束を着るものとなっていかなければなりません。

この神の武具はとても基本的でよく知られているものですから、それらの一つひとつについては、簡単に述べておくにとどめます。

「真理の帯」は、神の御言葉に対する確固たる、揺るぐことのないコミットメントを指します。これは聖書が最高の真理であって、これを用いることによって、「偽りの父」（ヨハネ八章四四節）の言葉と業とを暴き出し、それを弱めることができるという確信に満ちた態度のことです。御言葉にとどまり、しっかりとつながり、それを帯として締めているなら、私たちは偽りから守られるのです。

「正義の胸当て」は、**聖さによる守り**を表す、活き活きとした聖書的描写です。人間の良心は「告発される」ことも「赦される」こともあり、罪に定められることも赦免されることもあります。贖いを通して神は文字通りご自身の御子の義を私たちに与えてくださいました。私たちは私たちの過去の罪を思い出させ、落ち込ませようとするような者に対して、すべての古い罪は十字架において完全に処理されていることに確信を持ち、立ち向かう必要があります。もし罪を犯していたり、自分の歩みの中でつまずきを覚えているなら、私たちはⅠヨハネ一章九節に従って、罪の告白と新鮮なきよめを受け取ります。ここが重要な点なのですが、悪魔はキリストの義によっておおわれた良心を悩ますことはできないのです。

「平和の福音の靴」をはくことは、二つのことを意味しています。一つには、緊張状態にある、あるいは壊れてしまった関係に和解といやしをもたらすための備えであり、第二には、解放をもたらすキリストの力について、他の人々に証しをするための備えです。私たちはこの武具を、**従順による守り**として描写することができるかもしれません。私たちの主は、私たちの持ついろいろな関係の質を非常に真剣に取り扱われます。もし私が怒りや恨み、苦々しい思いなどを放置しておくなら、私は悪魔に機会を与えていることになります（エペソ四章二七節）。私たちは問題を抱えた関係を熱心に修復し、平和を作り出していかなければなりません。

「救いのかぶと」はクリスチャンに**希望による守り**、すなわち、人間の究極の、そして永遠の最終目的地についての確証を与えてくれます。私は告発者である悪魔にこのように言うことができます。「私は自分が誰であるかも、自分が誰のものであるかも知っている。私は血潮によって買い戻された者であり、栄光を約束された神の子なのだ！」と。私は、力強い神の愛の力が私を解き放って、天の御国に導いてくださるという御言葉に堅く立つことができるのです（ローマ八章三一～三九節）。

「信仰の大盾」は、防御に役立つと同時に攻撃のための力をも与えてくれるものであると、私は信じています。信仰とは霊的な思考様式のようなもので、敵の矢を防ぐための一般的なおおいを与えてくれます。クリスチャンはどのような状況の中にあっても、詩篇の記者にならって「わが避け所、わがとりで、私の信頼するわが神」(詩篇九一篇二節)と告白し、神の善なる御性質とその主権に対する確信を保ち続ける責任があります。しかし、この大盾についてのパウロの記述から、これが攻撃的な働きもするものであることがわかります。つまり、この盾によって、「悪い者が放つ火矢を、みな消すことができる」のです。つまり、もし私が恐れることなく信仰に立って、敵の攻撃に対して立つならば、敵の矢が私の盾にはねかえって、兄弟姉妹たちに当たることはありません。それは消され、折られ、無力なものとされてしまうのです。

「御霊の与える剣」とは、信じる者によってある特定の問題に関連して明確に語られた神の言葉を指します。イエス様はこの武器を使って、荒野で悪魔に勝利されましたし(マタイ四章一~一七節)、パウロはこれによって魔術師エルマの力を奪いました(使徒一三章一~一二節)。神の言葉は、暗闇を突き破ることのできる約束を与えてくれます。しかし、悪魔の軍勢はこの力が解き放たれるのを押さえつけようとして、私たちの霊を窒息させ、時には舌を押さえつけようとさえしてきますから、注意しなければなりません。攻撃を受けている時に聖句を暗唱することは実際難しいので、心の中から唇にまで御言葉を上らせ、聖霊にその聖なる力によって油注ぎを与えていただく方法を習得するのが良いでしょう。このことに関して、私の最も好きな「御霊の短剣」の一つは、Iヨハネ三章八節です。「神の子が現れたのは、悪魔のしわざを打ちこわすためです」。悪魔は絶えず、私たちに別の考え方をさせようとして、欺いてきますが、御霊の剣は私たちが自由であることを宣言するのです。

「御霊によって祈る」ことは、私たちに与えられた最も幸いな特権です。これは神の御心と親しく交わり、つながりを持つことで、私たちの祈りと願いによって、その大能の御手を動かすことであり、聖霊の促しを受け続けていくことです。神の御声を聞くことができるようになると、私たちの日々の歩みは素晴らしい、ダイナミックなものになっていきます。この勧めが「すべての聖徒のために祈りなさい」ということである点に注意してください。私たちは激しい霊的戦いの塹壕にいるのです。はっきりと物事を見極める眼をもってお互いを見守り、

「すべての祈りと願いを用いて」、互いに守りや解放や励ましや信仰などが与えられるように祈りましょう。

個人レベルでの霊的戦いを効果的に行なっていく時に鍵となるいくつかのポイントについてお分かちしていきたいと思います。まず、御霊の力をいただいて、霊的戦いについてもっと詳しい認識を持つことができるように、神に願い求めてください。暗闇の勢力に立ち向かう時には、聖霊なる神が示されるすべての罪を確実に悔い改めてください。「正義の胸当て」を身につけてください。キリストにあるあなたの立場（エペソ二章六節）、すなわちあなたが主の力によって戦っているということと（エペソ六章一〇節）、力強い神の御使いたちがあなたを助けるために任命されていること（詩篇九一篇一一節、ヘブル一章一四節）を理解してください。イエス様の御名がすべての名にまさるものであり、十分な力を持ったものであること（ピリピ二章九～一一節）、そして主の贖いの血潮の力（黙示録一二章一一節）により頼んで、信仰を持って行動してください（ローマ四章二〇～二一節）。霊的圧迫の基盤や土台となっているもの（世代に関わる罪や回心前後の罪に対する告発、誘惑、感情的・心理的に衰弱させようとする働きなど）を急いで取り除いてください。

そしてクリスチャンが信仰に立ち、反撃を加えるなら、ほとんどの場合、暗闇を追い払うことができるのです。

私たちがただ祈りによって神を呼び求めたり（「帰って来てください。主よ。私のたましいを助け出してくださ い」詩篇六篇四節）、聖書を用いて真理を語ったり（例えばⅠヨハネ三章八節）、勝利が確証されていることについて神を賛美したり（「あなたによって私たちは、敵を押し返し、御名によって私たちに立ち向かう者どもを踏みつけましょう」詩篇四四篇五節）する時に、天上の力が私たちのために解き放たれるのです。もしあなたが敵の攻撃を受けていると感じているなら、これらの武器を用いてください。そうすれば天の軍勢があなたを助けにやって来るでしょう。聖霊と御使いたちは、まず私たちが信仰を働かせることを待っているのです。主があなたに、敵の策略を察知するさらにすぐれた識別力を与えてくださいますように。主があなたを恵み、神の武具の用い方を教えてくださいますように。そして、主があなたに与えられた武器を用いて勝利の歩みを続ける勇気を与えてくださいますように祈ります。

地域教会における霊的戦い

滝元 順

暗闇の支配者

人類は長い歴史を通して多くの知識を蓄え、より便利に、より幸せに生きる術を身につけてきました。特に二十世紀における科学技術の発展はめざましく、蓄積された知識の量は膨大なものです。しかし、今世紀を終えるに当たり、果たしてそれで人類は幸せになれたのだろうかと考えると、我が国を含め、どの国をとっても時代を追うごとに社会は崩壊し、犯罪は増大し、幸せどころか、かえって不幸になっています。人には「きよく生きたい」という願望がありますが、行動は思いに反して、常に「汚れ」ています。なぜ、きよく生きることができないのでしょう。それは人の根底にある「罪の性質」と「欲望」に原因がありますが、同時に、背後でそれを後押しする目に見えない、暗闇の世界の支配者である「悪魔」の力が働いていることは明らかです。人類が努力を繰り返しても正しい道を歩めない根本要因がここにあります。

悪魔の最大の敵は誰か

さて、この悪魔が最大の敵と認識し、憎しみをあらわにしている相手とは誰でしょうか。創世記には、人類を誘惑し、罪の道に引き込んだ悪魔に対する神からの預言的な言葉があります。

わたしは、おまえと女との間に、また、おまえの子孫と女の子孫との間に、敵意を置く。彼は、おまえの頭を踏み砕き、おまえは、彼のかかとにかみつく。

（創世記三章一五節）

ここには、悪魔と敵対関係に入った存在が「女」であると語られています。また、黙示録には、

自分が地上に投げ落とされたのを知った竜は、男の子を産んだ女を追いかけた。しかし、女は大わしの翼を二つ与えられた。自分の場所である荒野に飛んで行って、そこで一時と二時と半時の間、蛇の前をのがれて養われるためであった。ところが、蛇はその口から水を川のように女のうしろへ吐き出し、彼女を大水で押し流そうとした。しかし、地は女を助け、その口を開いて、竜が口から吐き出した川を飲み干した。すると、竜は女に対して激しく怒り、女の子孫の残りの者、すなわち、神の戒めを守り、イエスのあかしを保っている者たちと戦おうとして出て行った。（黙示録一二章一三〜一七節）

この箇所においても、悪魔が激しく怒っている対象は「女」です。考えてみれば、昨年行われたアルゼンチンのリバイバリスト、カルロス・アナコンディア師の解放のミニストリーにおいても、解放の部屋に運ばれてきた七割近くが女性でした。教会に女性が多いということも考えられますが、悪魔は女性を本当に敵視しているのかもしれません。

悪魔はエバを誘惑し、人類を堕落させるのに成功しました。しかし神は人類の回復を、敗北した女性の子孫で、男性の介入がない、処女マリアより生まれたイエス様によって完成されました。

女性は少なくとも男性よりも霊的に強力であるように感じます。教会の中で、とりなしの祈り手のほとんどが女性であることからも、そのことがうかがえます。そう

●たきもと・じゅん
1951年愛知県北設楽郡津具村に、牧師の長男として生まれる。現在、新城教会牧師として牧会に従事すると同時に、全日本リバイバルミッション伝道者として、全国各地において奉仕している。著書に『主が立ち上がられた日』（プレイズ出版）がある

してみると、悪魔は男性よりも女性に憤っているのかもしれません。

しかし、聖書が告げている「女」の真の意味は何でしょうか。それは、「神の戒めを守り、イエスの証しを保っている者」、即ち、クリスチャンです。

クリスチャンは悪魔にとって最大の敵です。悪魔が「戦おうと出て行った」わけですから、クリスチャンは戦う相手として十分な「対戦相手」であることがわかります。ですから、クリスチャンは悪魔の攻撃の標的になり、多くの兄弟姉妹が信仰の破船に出会い、信仰から脱落していくのです。

さて、さらに深く「女」の意味について考える時、「イエスの証しを保っている者たち」と複数になっているところに鍵があるように思います。それはクリスチャンの群であり、キリストの花嫁である「教会」を指しているのです。

教会が悪魔の最大の敵

これは、今、天にある支配と権威とに対して、教会を通して、神の豊かな知恵が示されるためであって、私たちの主キリスト・イエスにおいて実現された神の永遠のご計画に沿ったことです。（エペソ三章一〇〜一一節）

この箇所に出てくる「天にある支配と権威」とはどの領域を指しているのでしょうか。何気なく読むと、「神の国の支配と権威」のように感じますが、この箇所はエペソ人への手紙六章一二節に対応しています。

私たちの格闘は血肉に対するものではなく、主権、力、この暗闇の世界の支配者たち、また、天にいるもろもろの悪霊に対するものです。

エペソ人への手紙三章一〇節における「支配」「権威」とは、ギリシャ語原文においてはエペソ六章一二節の「主権」「力」に対応する言葉です。よって、「天」とは神の住まわれる天ではなく、天使の領域であり、即ち、「戦いの領域」です。

要するに、悪魔の支配や権威に対抗できる存在が、「教会」なのです。悪魔が一番恐れることは、自分たちの「支配と権威」そのものに触れられることです。局地戦での敗北は致し方ないとしても、自分たちの王国そのものに被害を及ぼしかねない存在こそ、最大の敵であるわけです。そして、それが「教会」です。

しかし、逆に言えば、「教会」ほど宇宙で強力な存在はないということです。


教会はキリストのからだであり、いっさいのものをいっさいのものによって満たす方の満ちておられるところです。（エペソ一章二三節）

敵の門に攻め込み、敵の働きを粉砕する神の軍隊の駐屯基地こそ「教会」であり、教会が軍隊化する時、悪魔とその一味の軍団は崩れ去るのです（このことについてはカイロス三号で述べました）。

地域を支配する霊

ある時期、論議された、「地域を支配する霊」という概念がありますが、その存在に対して、はっきりとした結論を出すには至らないまま、議論が終わってしまったように思います。これについて、私は『主が立ち上がられた日』（プレイズ出版）の中で一部論じましたので、少し長くなりますが、その中から引用したいと思います。なぜなら、この概念を正しく理解することは、地域教会における霊的戦いの重要な鍵でもあるからです。


「地域を支配する霊」について私は次のように考えています。まず、福音書に見られるイエス様のゲラサでの働きは、まさに地域を束縛している悪霊との直接対決であったと思います。なぜなら単純にマルコの福音書五章一〇節を見ると、悪霊どもは「この地方から追い出さないでください」とイエス様に懇願し、ゲラサ地方に執着しているからです。

この記述について聖書注解書（『新聖書注解新約1』いのちのことば社、二四七ページ）では次のように解説しています。

「〈この地方から追い出さないでください〉とは、当時、一般に、ある悪霊はその地方だけに居住しており、他の地域には、他の悪霊がいると考えられていたからである」

当時の一般的理解に併せて、聖書の記述の中にも地域に対する言及があるわけですから、何らかの地域性を表わしていると理解して良いのではないでしょうか。

（「地域を支配する霊」の存在を信じられない理由の一つに）「地域」というと、すぐに地理的、行政的な境界線を連想し、そのような境界線と悪霊と、どんな関連があるのかという疑問があります。地域を支配する霊とは、「地域への悪霊の侵入」の中でも取り上げたように、歴史的にもはっきりとした境界線によって区分される地域性もあるとは思いますが、（新城市で起こされた霊的戦いはこれに該当すると思います）それよりもむしろ、ある特定の領域の人々に、ある策略をもって共通の悪影響を与えている、霊的存在であると私は考えます。悪霊は歴史的、共同体的な罪によって地域にもたらされた束縛だけでなく、時には罪の台座を有する人物を使い、ある特定の領域の中で、何らかの共通項を持った人々を、その関連性の中で束縛するのだと思います。現在の日本においても、悪霊が特定の人物を使って福音から遠ざけている姿を見ることができます。たとえば、芸能界、スポーツ界、政界、経済界、そして、宗教界の中で、ある人物を神のように仕立て、その領域に属する人々の心を、まことの神よりも特定の人物に向けさせ、福音から遠ざけているのです。「地域を支配する霊」とは、それらの意味をも含んでいると私は理解しています。「テリトリー、地域」とは「領域」とも訳すことのできる言葉です。よって、最初「地域」と訳された所に誤解を生んだ原因があるように私は思います。


　怒っても、罪を犯してはなりません。日が暮れるまで憤ったままでいてはいけません。悪魔に機会を与えないようにしなさい。（エペソ四章、二六〜二七節）

口語訳、新改訳聖書ともに、「機会」と翻訳されている言葉は原文ではトポンと記されており、トポン（τοπον）の原形であるトポス（τοπος）はヘブル語のマーコームと対応し、キッテルの神学辞典第八巻（*Theological Dictionary of the New Testament, v.8, pp. 187-208*）によれば、領域、土地、地方、町、住居、場所、国、宮、機会、土台等を意味します。

　二六節では、「怒り」が起因する「罪」により悪魔に特定の領域を与えないようにと警告しています。要するに、悪魔が侵入する唯一の合法的理由が「罪」であると言えます。人間が罪を犯すことにより、悪魔に侵入するチャンスを与え、特定の領域、場所、地域等を明け渡してしまうのです。

さらに興味深いことに、先ほど述べたマーコームはマルコの福音書五章一〇節で「地方」と翻訳されているコーラス、（χωρας／原形χωρα）にも対応している言葉です。（七十人訳聖書コンコルダンス／*Concordance to the Septuagint, pp. 1481-1482*参照）よって、悪霊が執着しているのは単に地理的な地域だけでなく、ある特定の領域をも含んでいると考えられます。

ゲラサ地方の悪霊は、地域住民をこの男と遭遇させることにより、「恐れによる束縛」を与え、結果的に福音を拒絶する反応を引き出すことに成功していました。

レギオンがゲラサ地方で持っていた策略

この地方の人々は悪霊に支配されていた男をつなぎとめることができず、この男はまさに地域にとって恐怖の中心でした。男は墓場を住みかとしていたとありますから、誰もが持っている「死への恐れの領域」にも結びつき、恐れはさらに増大したことでしょう。人々は、後にイエス様にその地方から出て行ってくださるように願っていますが、ここでも彼らが「恐れ」に支配されていた事実を見ることができます。ルカはそのことに関して、「ゲラサ地方の民衆はみな、すっかりおびえてしまい、イエスに自分たちの所から離れていただきたいと願った」と記しています。ゲラサの人々にとって、ガリラヤから渡ってきたイエスとは、あの恐ろしい墓場に住んでいる男を従わせたぐらいの人物ですから、彼らの目にはさらに恐ろしい存在として映ったのかもしれません。

イエス様の働きによって、悪霊に支配されていた男は見事に解放されました。男は正気に戻り、イエス様と共に行動することを願い出ましたが、それをお許しになりませんでした。イエス様はゲラサの民衆の願いを聞き入れ、ゲラサから立ち去られましたが、悪霊から解放された男がデカポリスの地方でイエス様の偉大さを言いふらしたことにより、地域の人々は恐れの根元が断たれたことを、実際に男を見ることにより確認し、結果的には福音がその地方に広まることになったわけです。ここに霊的戦いの結果を見ることができま

す。(『主が立ち上がられた日』一〇九〜一一二ページ)

ゲラサでのイエス様の宣教は、まさしく「地域の霊的戦いの勝利」であったと評価できます。デカポリス地方のリバイバルの鍵は、ゲラサの墓場に住んでいた「悪霊にとりつかれた男」の中に隠されていました。この男が霊的解放を受けた時、恐怖という領域につながれていたデカポリス地方の人々も同様に解放され、イエス様を救い主として認めたのです。ここに、個人と地域のつながりを発見できます。

近代における日本宣教は、最初、欧米諸国の宣教師たちの働きによって進められました。海外からの宣教師は宣教活動と共に、欧米の個人主義的世界観をもたらしたと考えられます。その中で、「個人の救い」の強調がなされました。もちろん「救い」とは、個人的側面が強いものですが、聖書を調べる時、それだけに終わっていないことも確かです。個人の救いはむしろ、共同体の救いのきっかけとなっています。

ノアの救いが家族八人を、箱舟に導きました。ロトの救いが、ソドムとゴモラの滅びの時、親族への避難勧告につながりました。また、アブラハムの救いが、全世界の救いの鍵となりました。

また、パウロとシラスは看守に次のように語りました。

ふたりは、「主イエスを信じなさい。そうすれば、あなたもあなたの家族も救われます」と言った。(使徒一六章三一節)

日本人の持っている世界観は、個人主義的なものではなく、共同体意識の強いものです。このことを考慮せず、地域宣教に携わることはできません。しかし、同時に、現実的に見える共同体の背後に、もう一つ、見えない共同体領域が存在するという事実を見逃して来たように思います。

個人と地域の間にある霊的つながり

町はその形成された過程から、様々な特徴と顔を持ちます。それはその町独特の風土、習慣として住人たちの価値観に影響を与えます。また、日本における町の中心的特徴は、歴史的悲劇と共にある宗教観です。

私の住んでいる愛知県新城市では、かつて織田信長、徳川家康の連合軍と、武田勝頼の騎馬隊との間に、「天下分け目の戦い」（設楽が原の戦い）が起き、数時間で一万数千人が戦死するという悲劇が起こりました。結果として町の住人たちは、怨念を鎮める目的で神社、仏閣を多く建立し、祭事もその関連で行われています。人々は、初詣から始まり、年中行事の一環として、何の疑いもなく神社仏閣を礼拝し、行政区もほとんど村社単位で区分されています。人々は家単位、地域ぐるみで村社を代々守っています。

このような中からクリスチャンになることは容易なことではありません。家族の一員がクリスチャンになれば、家族からの迫害を必ず覚悟しなければなりません。家族単位での回心は、地域から迫害を受けます。福音に目を向け、イエス様を神として信じ仕えていくまでには、越えなければならない数々のハードルがあります。教会が地域において熱心に伝道しなければ、人々はこのシステムの中で、自動的に滅びていくようにセットされているかのようです。

要するに、私の住んでいる町においては、地域自体に人々を福音から遠ざける力が存在します。この福音を遠ざける力とは何でしょうか。これをただの文化や習慣の違いから来る影響として、片づけてよいものでしょうか。それらが結果的に福音の妨げとなっているならば、それはもはや、目に見える領域の問題ではなく、霊的問題です。目に見える問題の背後に、人々を福音から遠ざける見えない力が働いているのです。そのことに関して聖書は次のように教えています。

こういうわけで、私たちは、あわれみを受けてこの務めに任じられているのですから、勇気を失うことなく、恥ずべき隠された事を捨て、悪巧みに歩まず、神のことばを曲げず、真理を明らかにし、神の御前で自分自身をすべての人の良心に推薦しています。それでもなお私たちの福音におおいが掛かっているとしたら、それは、滅びる人々のばあいに、おおいが掛かっているのです。そのばあい、この世の神が不信者の思いをくらませて、神のかたちであるキリストの栄光にかかわる福音の光を輝かせないようにしているのです。（Ⅱコリント四章一～四節）

地域にこの世の神々が支配を及ぼしているならば、地域を覆っている暗闇の力を「無視して」効果的な宣教を行うことは不可能に近いと言えます。
また、逆に、それらの背後に暗闇の力が存在しているとしたら、神の民に与えられた権威を行使できるはずであり、魂が救われないことに関し、文化、習慣の影響として諦める必要はないはずです。御言葉は私たちを励まします。

悪魔に立ち向かえ

ですから、神に従いなさい。そして、悪魔に立ち向かいなさい。そうすれば、悪魔はあなたがたから逃げ去ります。（ヤコブ四章七節）

前述したごとく、地域の人々を共通の価値観でくくり、宣教が妨げられているとしたら、それは地域を福音から遠ざける、「地域を支配する霊的存在」として捉えることができます。悪魔が悪霊の軍団、レギオンを地域に遣わし、歴史的悲劇や長い間に培われてきた文化習慣を効果的に利用し、戦略的に人々を目隠しし、束縛していると言えます。私たちはこの悪魔とその軍団を恐れず、立ち向かわなければなりません。

キリスト教会の中には悪魔に積極的に立ち向かうというよりも、霊的戦いから遠ざかる動きも多くあります。それは、聖書的根拠や神学的要素によるよりも、むしろ、クリスチャンの内側に存在する「恐れ」によるものであると思います。これもまた、悪魔の戦略の一部のように感じます。

御言葉が教えているように、もしも私たちが、神から託された権威を使い、悪魔に立ち向かわないならば、悪魔は決して地域から手を引くことはありません。地域において教会が、悪魔と共存共栄することはできないのです。悪魔が教会に牙をむかずに、ただ放っておくことなど、決してないからです。なぜならば、教会こそ、神の権威を行使できる宇宙で唯一の場所であり、悪魔の権威を脅かす可能性を秘めた所であるからです。

現在、北朝鮮の核査察問題がクローズアップされています。なぜ、それほどまでに核査察にこだわるのでしょうか。彼らはまだ、核爆弾の製造までには至っていないかもしれません。しかし、そこまで至る潜在的能力を持っているのです。国際社会はそれを見逃すわけにはいきません。

同様に、今現在、地域において教会が悪魔に対して権威を行使していないかもしれません。しかし、教会には、潜在的権威が隠されているのです。もしも悪魔が地域教会を無視するならば、ある日突然、彼らの権威が脅かされる可能性があるのです。故に、悪魔は、地域教会を最優先に敵視します。このことをよく理解しないならば、日本教会は、将来致命的な敗北と傷を受ける結果にもなりかねません。

実際、どのように立ち向かったらよいのか

カイロス三号において、地域とはどこにあるのかについて、物理的な地域と同時に、地域は、その町に住む人々の「内側」にあると述べました（カイロス三号二一ページ）。したがって、町に住む人々の価値観を覆す宣教の働きは、「地域的な霊的戦い」と言えます。

一昔前の子供人気番組に「仮面ライダー」がありました。その内容は毎週同じで、正義の敵である「ショッカー」が善良な子供たちに術をかけると、子供たちの人相が突然変わり、ショッカーの手先となって仮面ライダーに敵対し始めるのです。しかし、仮面ライダーがショッカーのボスに勝利すると、突然、術が解かれてもとの子供たちに戻る、というものでした。

地域的な霊的戦いも、ともすると同様の考え方に陥りやすいものです。地域のボス的な悪霊に勝利さえすれば、突如として魂が教会に流れ込んでくるかのように誤解するのです。地域的霊的戦いをそのような短絡的概念で捉えないよう、注意する必要があります。地域とは、常に「外側と内側」に同時存在し、外側の地域に対するとりなしと同時に、内側の地域を崩す「宣教」が最も大きな霊的戦いであるのです。

地域を支配する悪霊との戦いの手始めとして、前述したように、個人が地域と密接なつながりを持っている現実をふまえ、「町に対する宣教は、即ち、地域における霊的戦いである」という認識が必要です。

人が罪を犯す場合、そのほとんどが自分の居住する町と関わりがあります。偶像礼拝の罪の大部分が、町にある神社仏閣を礼拝することによって発生します。また、町に居住する人々との間に起こる人間関係のトラブルで、互いに傷つき、憎み合います。また、町にある汚れた領域に出入りし、ある人々は淫乱の罪に陥ります。してみると、町の住人が罪からきよめられ、悪霊から解放されることは、地域の束縛の中からの解放なのです。

サタンは罪を手がかりとして、地域や人に影響を与えます。ですから、罪の背後には必ず、霊的関連がありす。もしも、「悪」に対する私たちの認識が、「善」の反対概念というものだけに終わるなら、戦うことはできません。実際には、「悪」とは、それ自体人格を持ち、頭脳を持つ、狡猾な存在であるのです。罪からの解放は、同時に背後に働く「悪魔とその一味、悪霊からの解放」であるという認識が重要です。

新城教会における地域的霊的戦い

教会成長という視点で教会を見つめる時、特に地方においては、教会の位置する地域だけではなく、周辺の町々に対しても宣教を拡大していく必要があります。しかし、人の流れとして、田舎から都会への流れは自然な流れですが、都会から田舎へ人々を逆流させることは心理的に、なかなか難しいものがあります。

新城教会は、地理的には人口の少ない地域に位置しています。そのため、今までいろいろな方法を通して、周辺の市町村へ伝道のアプローチをしてきました。その結果、現在、教会には新城市をはじめとして、近隣の市町村より人々が集まるようになりました。今まで、周辺の町々から人々が教会に集い始めた時、「こんな田舎の教会にまで、お越しくださりありがとうございます」という気持ちで来会者を歓迎していました。この気持ちは今でも変わりありません。

しかし霊的戦いが始まり、周辺の町々からの来会者に対して、もう一つの視点が加わりました。周辺の町々から魂が導かれるということは、新たにそれらの「町」自体が教会に流入して来ることであり、ある意味で、新しい戦いの始まりであるということです。

あなたの天幕の場所を広げ、あなたの住まいの幕を惜しみなく張り伸ばし、綱を長くし、鉄のくいを強固にせよ。（イザヤ五四章二節）

この御言葉で「天幕」とは「教会」と解釈できます。天幕の広がりを支えるためには、「綱」と「くい」が重要な働きをすることは言うまでもありません。「綱」とは神とのつながりを表す「祈り」と考えられます。そして「くい」とは、イエス様ご自身です。更に、「鉄のくい」について調べてみると、それが戦いの武器であることがわかります。士師記において、ヤエルという女性が、敵の首領シセラを鉄のくいによってしとめたストーリーは有名です。「鉄のくい」を強固にするとは、霊的戦いを行い、同時に権威の旗印を掲げることであるのです。

私たちの教会は過去に、宣教使命を果たすため、熱心に教会開拓と周辺の町々に対する宣教拡大に力を注ぎました。しかし、その後、多くの問題が教会内に発生し、宣教の拡大に関して失望した時期がありました。そんな経験と併せて、現在理解していることは、教会開拓と宣教の拡大は、新しい地域にある暗闇の勢力に対する宣戦布告であり、宣教の拡大と共に「綱」を長くし、鉄のくいである霊的戦いを確かにしないならば、教会に予期しない攻撃が加えられる危険性があるということです。

新しい地域から魂が加えられた場合、主が魂を送ってくださったことを感謝すると同時に、新しい地域にドアが開かれたことに対して、「鉄のくい」をまず強固に打ち込み、魂と接する必要があります。ある町からの新来会者は、その町の代表者であり、町に攻め込む門の役目を果たす重要な鍵なのです。

教会開拓に関しても同じことが言えます。霊的戦いの視点が欠如した安易な教会開拓は、ある意味で危険な行為と言えます。しかし、危険だからと言って消極的になるのではなく、教会が暗闇の支配と権威に対して戦いを挑むことのできる、神の軍隊の前線基地であることをはっきりと暗闇の王国に宣言し、新たなる開拓に乗り出して行くならば、誰もその働きをとどめることはできないと信じます。

そのためには「地域に対するとりなし」と、地域との関連の中で行われる福音宣教に伴う個人の「解放のミニストリー」は欠かすことのできない働きであると理解しています。この二つの働きは、「地域的霊的戦い」の両輪です。地域の霊に対する戦いだけで全体が解放されるような錯覚に陥るならば、本書に収められている論文でポール・ヒーバート師が指摘しているような、アニミズム的世界観とすり替えられる危険性もあることでしょう。しかし、もしも、地域を支配する霊の存在を全く認めず、霊的戦いが行われないならば、教会は暗闇の権威の下に従属し、聖書の教える教会の姿とは程遠いものになってしまいます。地域的とりなしと、宣教に伴う解放のミニストリーがバランスよく両立し前進する時、日本のリバイバルは前進すると信じます。

この国で霊的戦いを戦略的に進めていくために

滝元 望

ですから、私は決勝点がどこかわからないような走り方はしていません。空を打つような拳闘もしてはいません。

Iコリント九章二六節

霊的戦いが日本のキリストの体なる教会に紹介され、話題を呼び、議論され、また、ある時は警戒されるなど、混沌とした状況の中で進められるようになって、十年程になります。超教派の働きに約二十年間携わることが許され、日本の教会全体の祝福とこの国のリバイバルを求め働く中で、私自身の意図や計画を越えた主の導きによって、「霊的戦い」にその初期の段階から携わることができたことは光栄なことだと感謝しています。

しかし、一方ではこの話題ほど大きな影響を持ち、誤解や中傷、過大評価、過剰反応を招くものもないことも体験的に実感しています。そこにはコミュニケーションの不足に加え、風評や論争を越えた、私たち、この国に遣わされ、生かされている者が直面している問題の深みに関わる「ある力」が存在するように感じます。その力は、私たちの価値観、世界観からにじみ出てくる「恐れ」によって引き起こされる副産物のようなものかもしれないと思います。その「ある力」とは言い換えれば「私たちの反応」だと思います。目に見えない霊的に不思議な現象や感覚を体験したり、そのような話を聞く時に、それが悪霊によって引き起こされているものでも、聖霊ご自身の働きによって起きているものでも、肯定的、否定的と評価は違っても、同じような反応が引き起こされます。その反応は、その人が持っている価値観や世界観によって左右されてしまっています。それらの「反応」は、過去の出来事（勝利した経験や痛みなど）によって引き起こされており、聖書や神学の理解にも、福音宣教を進めていく動機にも影響を与えていると感じます。

　この国とそこに生かされている私たちが抱える問題の深みには「暗闇」が存在しています。それはアニミズムや神話、先祖からの言い伝えと共にあり、個人、共同体、文化、習慣すべてにおいて、福音の光を拒絶している最も大きな要素の一つだと思います。福音宣教に伴う霊的戦いにおいて、私たちが立ち向かい、格闘をしていく相手は「暗闇の世界の支配者たち」（エペソ六章一二節）であると聖書が語るように、「暗闇」に真理の光を投じなければ、その支配者たちとやみくもに戦うことになり、大きな損失を生み出すことになります。「霊的戦い」を福音宣教の現場にあって進めていく上で、「空を打つような拳闘」にならないために、この国に存在する「暗闇」に御言葉によって光を当て、同時に「世の光」とされている私たちクリスチャン自身の存在と歩みを通しても光を当てていく必要があるのです。

アニミズムという「暗闇」

　霊的戦いの必要性を知り、その戦いを始めている私たちが陥りやすい罠の一つは、「暗闇」そのものが敵の存在であると誤解してしまうことです。この国にあって、私たちが遣わされ、戦いを繰り広げる戦場は、暗闇そのものです。石や木や紙、動物、植物、昆虫、爬虫類、死んだ人である先祖、神話上の人物や神々、太陽、月、星、気象現象など、ありとあらゆるものが神として礼拝され、暗がりや奥深い山々、川、池、巨木、巨石、神社、仏閣、礼拝所、御嶽《うたき》など、神聖視される場所に霊が宿っていたり、霊的力がうごめいていると理解され、特別な日や月、

●たきもと・のぞむ
1955年、愛知県新城市生まれ。牧師家庭8人家族の次男。日本におけるゴスペル・バンドの草分け的存在「グロリア・シンガーズ」のメンバーとして、国内外で音楽伝道のため25年間奉仕。現在もワーシップ・リーダーとして活躍している。10年ほど前から霊的戦いととりなしの祈りのために召命を受け、日本における戦略的霊的戦いのフロンティアとして用いられる。現在、全国をとりなしと祈り、調査のために巡ると同時に、全国の教会からの招きで、霊的戦いととりなしの祈りの実践的奉仕に当たっている。著書に『この国のいやし』（プレイズ出版）がある。妻と5人の子供の7人家族。

年が呪術的な意味を持ち、それを根拠に祭りや年中行事が守られ、神話に登場する人物や神々が天皇家や由緒ある家系の人々の先祖であると主張され、特別な霊的能力を持ち呪術を操る人々が生き神、教祖、霊能者、占い師、超能力者、拝み屋として人々を集め、神の代理を務めているというように、気まぐれな神々や霊が生活の中に息づいている現実があります。

この暗闇の実体を知り、霊的戦いをしていくことは、敵の策略を知って戦うために必要なことですが、このアニミズムの世界観に立った霊的世界の理解や価値観、また、それらによって構築された文化を受け入れたまま、暗闇にうごめく「霊」との戦いをしていこうとするなら、大きな偽りや欺きに陥ってしまうことになります。具体的に言うなら、木や石の中に常に霊がいると信じるようなアニミズム的理解に立って、仏像や石像に手をおいて、「悪霊よ、出て行け」と叫ぶことは、暗闇そのものを敵としてしまうことであり、まさに、空を打つような拳闘になってしまいます。

また、一方では、アニミズムの霊的世界観に何一つ手をつけることなく、合理主義的な価値観から「霊的戦いは非聖書的で、アニミズムである」と主張することも、恐れによって暗闇をパックし、信仰の世界の物置に押し込めていることにすぎないのです。

私たちに御言葉が勧めている霊的戦いは、アニミズムという暗闇の偽りや欺きを見抜き、人々を暗闇の圧制の中に閉じ込め続けている悪魔とその配下の軍勢である悪霊の策略を暴き、御霊の与える御言葉の剣と祈りによって戦い続けることです。

偽りの神々と悪霊の関わり

以前はアニミズムの世界観を持っていた私たちが、聖書が教える霊的世界観を聖霊によって理解することは、霊的戦いを福音宣教の現場（そこにはアニミズムの世界観を持っている、滅びに向かう人々がいます）で実行していくためにどうしても必要なことです。

聖書全体において繰り返し戒められ、警告されている罪、それは偶像礼拝です。この偶像礼拝と偽りの神々について旧約聖書で中心的に語られていることは、「わたし以外に神はない」という、イスラエルの民に啓示された全知全能なる主なる神の絶対性であり、その前にあって、偽りの神々は木や石にすぎず、空しいものであるということが語られています。「偶像を造る者はみな、空しい。彼らの慕うものは何の役にも立たない。彼らの仕えるものは、見ることもできず、知ることもできない。彼らはただ恥を見るだけだ」（イザヤ四四章九節）という御言葉が示すように、「わたし（主）以外に神はない」のです。

しかし、その一方で、興味深いことに、多くの箇所で偶像を擬人的に聖書は表現し、偶像礼拝の行為を姦淫として表現しています。空しい石や木にすぎず、全能の神の前にあっては何の力もない偶像の背後に、姦淫の罪によって表現されるように、ある存在が関わっていることを教えているのだと言えます。このことを裏付けるように、モーセはその遺言とも言える歌において、「彼らは異なる神々で、主のねたみを引き起こし、忌みきらうべきことで、主の怒りを燃えさせた。神ではない悪霊どもに、彼らはいけにえをささげた。それらは彼らの知らなかった神々、近ごろ出てきた新しい神々、先祖が恐れもしなかった神々だ」（申命記三二章一六～一七節）とその実体を教え、偶像礼拝を戒めています。

旧約聖書においてもう一ヶ所、明確に偶像礼拝と悪霊との関係を述べている詩篇一〇六篇も（三四節から三九節で言及しています）イスラエル民族の出エジプトの出来事という、全体的なテーマを歌う詩篇として存在していることを見ても、偶像と悪霊との関係は切っても切り離すことのできないものであることが理解できます。

新約聖書においても、パウロが「私は何を言おうとしているのでしょう。偶像の神にささげた肉に、何か意味があるとか、偶像の神に真実な意味があるとか、言おうとしているのでしょうか。いや、彼らのささげる物は、神にではなくて悪霊にささげられている、と言っているのです。私は、あなたがたに悪霊と交わる者になってもらいたくありません」（Ⅰコリント一〇章一九～二〇節）と、偶像の背後に存在する実体について述べています。

アニミズムの世界に存在する神々や霊的現象を伴う霊力は神ではなく、空しいもので、木や石や自然は、主が創造された被造物であり、多くの現象は、主が定められた自然界の法則の中に存在するものです。しかし、それを神とし拝み、願いをささげ、霊を招く祝詞《のりと》を上げ、暗闇に存在する者の声を聞こうとし、不思議な力を引き出して自己実現のために用い、先祖の霊がこの世に関わり、存在すると考え、祖先供養をしていくならば、その偶像礼拝（もしくは直接、霊を呼ぶ）という罪を通して悪しき霊が関わり、人々を惑わし、欺き、暗躍していくことになるのです。「先祖の霊」について、聖書は一旦死んだ人間の霊が私たち生きている者の世界に、先祖の霊として関わっていることを支持していません。死んだ肉親が霊となってその家族や子孫に現れたり、関わって悪いことをしたり、願いを聞くと言われていることは、実際には先祖の霊を騙《かた》る悪霊が現れているのであり、先祖供養など偶像礼拝の背後に存在する悪霊が、先祖の霊に対する恐れや愛着などの感情的な面を通して、また、命日に墓を拝んだり、毎日、仏壇を拝むという偶像礼拝による契約的な罪を通して合法的に関わりを持っているのです。私たちは、決してアニミズムで考えているような霊的世界をそのまま悪霊や天使が関わっている霊的世界だと受け入れてはなりません。むしろ、そこに真理の光を当て、偽りや欺きをあらわにして、策略を持って働く悪しき霊と戦う必要があります。

先ほどから日本の霊的暗闇に対して「アニミズム」という言葉を使ってきましたが、アニミズムとは、物体や自然現象に霊魂が住んでいたり、関わっているという考え方です。しかし、日本においては明確に霊魂がそこに存在すると考えるより、ある非人格的な霊力がそこに関わっていると理解されているようです。さらに詳しく言えば、それは「アニマティズム」と呼ばれ、人が物体に霊的な力を注いだり、霊的力をもって、ケガレや悪い物を払うことは「マナイズム」と呼ばれます。しかし、学問的にどう扱われているかが重要ではなく、その現実が今も生きていることを知ることがより大切です。

ある大企業の敷地内にあった神社のことを調査した時のことですが、その神社の宮司の方は、工場内のすべての神棚で定期的に儀式を行なっていることと、大型コンピューターや大切な精密機械を設置する時には必ず、設置場所のお払いをしていることを教えてくださいました。どんなにハイテクの機械を使い、最先端のテクノロジーを使っている現場でも、そこにはアニミズムが生きているのです。皆が真剣にそれを信じて行なっているわけではないとしても、そのことをしなくては済まない事情が存在するのです。

戒名の書かれた位牌を「ご先祖様だ」と言って大切にするのは、そこに先祖の霊が関わっているという考え方を受け入れているからです。しかし、「この木の中に本当に先祖が住んでいると思いますか」と尋ねると、ほとんどの方は「それは木であり、本当は先祖とは関係がないと思う」と答えられます。「じゃあ、こんな空しいことをやめにして、焼きましょう」と勧めると、「ちょっと待ってください」ということになります。親戚や親の手前それはできないと言うのです。親族というグループの中に、誰か一人でも霊的な世界に興味を持って熱心に先祖供養をしていく人がいることを通して、また、皆がしていることを私たちだけがやめることはできないという、共同体と切っても切れない構造が存在しているために、空しいことがわかっても、それを捨て去ることができないのです。このような現実との戦いは、霊的戦いの最前線と言えます。

人の罪と悪霊

霊的戦いにおいて、私たちが戦う相手は、悪魔と悪霊たちです。しかし、そうであるからこそ、そこにはいくつかの落とし穴ができてしまいます。

その第一の落とし穴は、悪魔とその勢力と、私たちの信じ仕える全能の神様とが対等の力を持った存在であるかのように考えて、霊的戦いをしていくということです。「神様が全知全能であり、それに並ぶ方はありません」と口では言いながら、アニミズム的な霊的理解をもって、何でも悪霊のせいにして「石の霊出て行け。先祖の霊出て行け。アマテラスの霊出て行け」と祈ったとすると、(ここは微妙な所ですが)神の力で悪しき力を押し出していくというような、力と力のぶつかり合いという「力の原理」だけに立った霊的戦いをしてしまう危険が出てきます。これは正しいようにも思えますが、「霊」にだけ焦点を当てた霊的戦いは、ともすると「善と悪」「光と暗闇」という二元論的な部分を強調してしまいます。

第二の落とし穴は、悪霊が諸悪の根元であり、悪霊を追い出せばすべての問題が解決すると考え、安易な問題解決の方法として霊的戦いをしてしまうというものです。インドネシアのリバイバリストが語ってくれた小話を思い出します。「道を一人の少年が泣きながら歩いていた。泣いているわけを聞いてみると『クリスチャンは、悪いことをみんな僕のせいにするんだ』と言う。そこで名前を尋ねてみると『僕の名前はサタン』と答えた」

もし、悪魔に責任のない問題、例えば、私たちの罪の故に引き起こされている病気に対して「悪魔よ出て行け」(大抵このタイプの霊的戦いをしてしまう時、悪魔と悪霊との区別もなく、すべてにおいて悪魔の名前が用いられます)と命じても、問題はそのままであり、まさしく空を打つ拳闘をしてしまうことになります。

霊的戦いに関する批判的意見や慎重論の多くは、この二つの落とし穴に関わるものが多いように思います。福音宣教において霊的戦いを進める必要を、確信をもって強く勧めているからこそ、私はこの落とし穴の危険を叫んでいるのですが、もし私たちの未熟さの故、また自分に与えられた方法を推し進めることに熱心であるが故、そのような印象を与えてしまったりしていたら、この紙面を借りて深くお詫びしたいと思います。

悪魔、悪霊が働き、支配し、欺き、惑わすために人間に関わることには理由があることを忘れてはなりません。エデンの園においてアダムとエバが神の言いつけを破り、悪魔に誘惑されて、食べることを禁じられていた木の実を自らすすんで食べ、神との断絶の原因となった「罪」が、悪魔の用うる合法的な理由なのです。悪霊が働き、関わっている時、彼らは単独では存在していません。そこには必ず、私たち人間が関わっています。悪霊が暗躍する場所や時には、必ず、人が関わっています。人が儀式や呪術を用いた行為（祈ったり、眺めたり、歌に詠んだりすること）を通して、物や土地、人、ある時は自然現象や特定の日時、また景観に対して、霊を呼んだり、何かをささげたり、呪術的な契約を結んだりということがなされていきます。悪霊は土地や場所を占領し支配することには何の興味も理由も持っていないのです。彼らは、神が人に委ねられた「生めよ。ふえよ。地を満たせ。地を従えよ。海の魚、空の鳥、地をはうすべての生き物を支配せよ」（創世記一章二八節）という支配権を人から奪い取るために、自らを礼拝させ、人々を惑わし、欺き、暗闇に閉じこめ続けているのです。

「地域を支配する（に働く）霊」が存在するか否かという問題が、霊的戦いに関して議論されています。「地域」という表現が、地理上の範囲を示すように受けとめられたために、町の上空に、黒雲のような霊が漂っているようなイメージで受け取られたり（このイメージはまさしく日本的なアニミズムによる霊の理解です）、特定の名前を持った霊的存在がその地理的領域を支配しているとだけ表現されたり、理解されたため、多くの誤解が生じたのだと思いますが、「地を従え、支配する存在」である人が、罪を通して悪魔に合法的な権利を与えてしまっていれば、人の営みと共にある文化や共同体、そして町という領域に対して、共通の罪やそれらの罪によって特徴づけられた出来事を通して悪魔が支配権を主張し、悪霊を送って惑わしや欺きをもって働き、何らかの支配をもたらすことは当然のことだと考えられます。

この種の議論は主に欧米でなされているのですが、個人主義的な理解をもって共同体を理解していく困難さの故に、ある特定の名前を持った悪霊が地域を支配しているという理解のされ方がなされているのかもしれません。日本のように「イエ、ムラ、クニ」という構造の中で、個人が共同体と深い関わりをもって存在している現実（このような構造はアニミズムとも関わりがあるのだと思います）が、悪魔が個人のみならず、イエやマチやクニに影響力と支配をもたらす根拠を与えていくのだと思います。

「アマテラス」とは何か

ここで、海外で霊的戦いを推進しておられる方々が、日本の主権的な霊的存在としてたびたび言及されている、「天照大神《アマテラスオオミカミ》」について考えてみたいと思います。

「日本を支配する霊的存在は、アマテラスですか？」という問い掛けを海外のとりなし手や先生方から何度も受けたことがあります。霊的な戦いを単純化したその言い回しや、神話上の神々の名前を悪霊の名前として用いることに対しては、とても複雑な気持ちになりますが、そのような時に私は、「アマテラスが日本を支配している悪霊の本当の名前かどうかはわかりませんが、日本神話における中心的な存在で、天皇家の祖神とされる『アマテラス』と呼ばれる存在に、少なくとも五十数年前にすべての日本人が膝をかがめたという意味では、その通りだと思います」と答えます。「日本のことを深く知らないくせに」とか、「そんなに単純な問題じゃない」という声をよく聞きますし、私自身もその気持ちはよくわかりますが、私たちの国のことを外から眺めるとその様に見えていることも知る必要があると思います。自分のことは自分ではよくわからないように、外国の方の指摘やイメージは大切なものであり、謙虚に受け入れる必要もあると思います。

太平洋戦争時に行われた国家規模の偶像礼拝が、実は大きな意味を今もなお持っていることを知る必要があります。しかし、それに対して「戦争は終わったのだし、今の日本人は無宗教です」という意見もありますので、この問題について少し考えてみたいと思います。

一つは、日本人は無宗教のようですが、正月には、およそ七〇パーセント以上の人々が今でも毎年初詣に出掛けている事実があるということです。参拝に出掛けている社寺には今でも神話が息づいており、神仏習合の事実を考えると、その礼拝対象の頂点にあるのは「アマテラス」であることは否めません。それに加えて知らなければならないことは、初詣は、天皇が元日の朝に行う「四方拝」を起源として始まったものであり、今年の元日も天皇は、宮中の清涼殿東庭で、日本全体の五穀豊穣、国家安泰などを祈願して、北斗七星、天地、東西南北、山稜（天皇の墓）に対して礼拝をささげたということです。それも、国民全体のためにという趣旨でなされたものですから、八千万人以上が礼拝する初詣と同時に行われることを考えると、国民ぐるみの偶像礼拝は続いており、天皇が祭司的な役割を今も持っているように感じます。

もう一つ、戦争は終わったのかということです。太平洋戦争を巡って、霊的にどのような意味がそこにあったのかということを、この時代に生かされている私たちは、目を開いてよく見分けなければなりません。太平洋戦争（「大東亜戦争」と呼ばれたりしていましたが）は、「聖戦」であり、「八紘一宇《はっこういちう》」（世界の中心は日本にあるという意味合いを持ったスローガン）「滅私奉公」「忠臣愛国」「神風が吹く」という独特な言葉からわかるように、天皇とその祖神であり、日本神話において最高神とされるアマテラスという偽りの神の前に忠誠を誓い、その霊的な存在への礼拝や祈願をささげることが戦いを進めるための原動力であったと言えます。「戦勝祈願」はすべての家庭、学校、村、そして悲しいことにほとんどの教会でもささげられました。天皇に関わる祝日や戦勝記念日には、国家一斉の祈願がなされ、「皇紀二六〇〇年」（すなわち、日本神話における初代天皇の神武天皇の即位年から数えて二六〇〇年目）とされる一九四〇年は、国家を挙げて特別な年として祝われました。日本のキリスト教会もこの流れに沿った奉祝会を、地域でも全国単位でも開きました。宮城遥拝、君が代斉唱、黙祷から始まる国民儀礼として受け入れられた偶像礼拝は、教会の礼拝の冒頭でもされています。太平洋戦争は、信仰の最後の砦であり、「世の光、地の塩」であるべき教会をも巻き込んだ偶像礼拝によって進められた戦いだったのです。

一九四五年八月十五日、「玉音放送」と呼ばれる天皇の「終戦の詔勅」によって、太平洋戦争は終わったと言われます。しかし、天皇から日本国民にラジオを通して、文書を通して、直接語りかけられたこの「詔勅」の内容を見ていく時に、戦闘は止んだけれども、霊的な意味を持っていた戦争は終わっていないことがわかります。

戦争は、天皇の「宣戦の詔勅」によって「忠誠で勇武な」国民に対して、「皇祖皇宗の神霊」にあって戦えと呼びかけることを通して一九四一年十二月八日に始まりました。それを裏付けることとして、真珠湾攻撃の出陣は日本時間の午前○時をもって始まっていますが、その時間に機動部隊各艦の艦内神社前で司令官をはじめ攻撃隊が作戦の成功を祈り参拝し、その場で御神酒を飲んで出陣して行きました。またそれより以前、十二月一日の大本営による「開戦の命令」が出されて後、南方侵攻と真珠湾攻撃の成功のために、靖国神社や明治神宮に軍部の高官が戦勝祈願を繰り返しています。(『ドキュメント真珠湾の日』大月書店)

一方「終戦の詔勅」において、天皇は「忠良な汝臣民」に対して、これ以上戦争を続けて「わが民族の滅亡」を招いては「皇祖皇宗の神霊」に詫びることができないから、ポツダム宣言を受諾したと語り、戦争の停止を呼びかけています。戦争は天皇の言葉によって停止されましたが、天皇と「皇祖皇宗の神霊」に対する日本国民の忠誠の関係はそのままなのです。詔勅の最後では、これからは（つまり戦後は）「神州の不滅を固く信じて」「国家の精華を発揚し、世界の進歩に遅れないようにせよ」という新たな命令を下しているのです。

その後の日本は驚異的な経済復興と成長を成し遂げ、かつては武力で侵略した国々に新たな経済的「大東亜共栄圏」を打ち立て、それだけでなく世界中を経済の力で侵略していると言えます。会社に忠誠を誓うが如く働き、「イエス様を信じたら、この社会ではやっていけない」と言い、先祖礼拝も神社に初詣に行くことも宗教ではなく社会儀礼として欠くことのできないものと考えている日本人の姿がそこにあります。これらのことを見るだけでも、戦争中に日本を支配した霊的存在は、今もなお天皇と「皇祖皇宗の神霊」に対する、いまだに破棄されていない忠誠の関係によって日本の民の上に支配力を持ち、物質的繁栄という偶像礼拝によって力を維持し続けている現実があるのだと思います。

最良で最大の戦略＝十字架

このような現実を持つこの国にあって、リバイバルを願い、熱心に福音宣教を続けても、いっこうに状況は変わらないように思えることもあります。しかし、私たちは今こそ、真の霊的戦いをしていく必要があります。敵がアニミズムや忌まわしい歴史によってもたらした暗闇をもって人々をその圧制の中に閉じ込めていることを知った時、「悪魔よ。日本から出て行け。この町から出て行け」と叫ぶことだけが霊的戦いではありません。霊的戦いを進めるためには戦略が必要です。まず、私たちが主から受け取ることのできる戦略は、私たち人類に与えられた最大の出来事である、十字架の贖いの事実です。この戦略はすべてのクリスチャンが用いることができる、共通のものであり、最も力強い、「要塞をも破るほどに力のある」（Ⅱコリント一〇章四節）十字架の力です。

悪霊がそこに働き、影響力を持ち、人々を「暗闇の圧制」（コロサイ一章一三節）の中に閉じ込め、「サタンの支配」（使徒二六章一八節）に置いているのには、合法的な理由が存在します。そこには罪という、悪魔が権利を主張する足がかりが存在しているのです。罪の結果の死の呪いがそこにあり、「神の知識に逆らって立つあらゆる高ぶり」（Ⅱコリント一〇章五節）という、私たち罪ある人間による自己中心的な、自己実現を目的とした呪術が存在しています。死の呪いを解き放ってくださるのは、「その死によって、悪魔という、死の力を持つ者を滅ぼした」（ヘブル二章一四節）イエス様のよみがえりの勝利です。呪術によって悪しき霊に明け渡された権利を奪い取ることができるのは、流された血潮によってきよめを与え、古き契約を解除してくださる十字架の勝利です。この十字架という戦略に立って戦うことが、罪を通して働き、支配している悪しき霊と戦う最も有効な、揺るぐことのない勝利を約束された道です。

アニミズムの霊的世界観にある、欺きと惑わしによって作り上げられた偽りという罪の土台の上に立っている神話や言い伝え、呪術、迷信などを取り扱うには、その偽りに満ちたストーリーと呪術的な法則を十字架にある新しい創造の事実をもって破棄し、罪の故に招かれている呪いを、十字架の血潮によって与えられたきよめによって取り去り、そこに悪しき霊が働き、支配し続けることができないことを十字架によって与えられた勝利をもって宣言していく必要があります。十字架という戦略に立って戦う霊的戦いには、敵のすべての力に対して勝利が約束されているのです。国家という主権的な力に関わる所にも、神の子とされ、御国の世継ぎとされた私たちの立場をもって、和解の使者として遣わされていくことがでます。私たちが属するこの国の罪を、私たちの問題として担い、主の前に悔い改め、とりなし祈ることは、十字架にある赦しを主がもたらす、霊的な戦いを意味しています。町や村に存在する、共同体が共有する罪の上に立て上げられている神社や寺院という霊的領域にも、そこにある罪の土台と呪いの現実を十字架にあって取り除くことによって、私たちは大胆に関わっていくことができるはずです。霊的戦いと言うと、神社や寺院に入って行って、そこに働きうごめく霊を縛ったり、追い出していくという誤解がなされることがあるように感じます。しかし、それらの霊を縛り、追い出してくださるのは神様の主権的な働きであり、多くのとりなしと霊的戦いの結果多くの人々が救われ、福音によって社会全体が変革されるという現実が訪れる時に、表現されることとなのだと思います。

共同体や町、国に対する霊的戦いにおいて、私たちに委ねられた中心的な奉仕は、十字架という戦略にあって、そこにある罪と戦い、その罪を自分自身に関わるものとして主の前に悔い改め、とりなし祈り（ダニエル九章、ネヘミヤ一章五～一一節）、主から与えられたその御名の権威にあって、罪によって置かれている呪いを砕き、悪しき霊との関わりを断ち、主の栄光の訪れを宣言することにあります。

このような霊的戦いにおいて私たちが主から与えられている権威は、私たちが福音宣教において委ねられた責任を果たす時（その共同体の罪や問題を自分自身に関わるものとして、主から受け取り関わっていくこと）、その権威を行使する権利が与えられます。主がこの町に遣わすと言われる時、そこに私たちは「主から主の御名の権威を行使する権利」を委ねられており、それを用いていく責任があることも知る必要があります。

戦略的に戦いを進める必要

あるセミナーで戦略的に戦いを進める必要を語った時、戦争を体験なさった方から貴重な意見を聞くことができました。それは、「戦略と聞くと、私は米軍がとった日本本土への卑怯な無差別空襲を思い起こします。私たち日本軍が取った作戦は戦術的で、卑怯ではなかった」というものでした。自身の戦争体験から生まれたラディカルな理解ですが、軍事評論家の間でも、日本軍の敗戦理由の一つとして「戦術を繰り返すのみで、戦略がなかった」

というものがあり、「大和魂」「突撃あるのみ」という合い言葉や神風特攻隊の存在を考える時、そこに日本人の中にあるアニミズム的なメンタリティーの引き起こしている反応があることを思います（この問題についてここで詳細に論じる余裕はありませんが、いずれ機会があれば論じたいと思っています）。

もう一つ、霊的戦いを戦略的に進める必要を説いていく時に出会う反応に、「聖霊様はすべてをご存じなのですから、なぜ、戦略を立てる必要があるのですか」というものや、「神様は全知全能です。その方の前を行くような霊的戦いをなぜする必要があるのですか。神様はすべてを支配されています」というものがあります。聖霊は人を通して働かれます。聖霊は私たちの霊的領域だけにとどまらず、知性、理性、感性をも支配し、それらをも用いて働かれることを知る必要があります。「リバイバルの働きは、聖霊一〇〇パーセント、人間一〇〇パーセントである」という理解が必要だと思います。霊的戦いにおいても、「心を尽くし、思いを尽くし、力を尽くし、知性を尽くし」（ルカ一〇章二七節）て戦う戦略的なアプローチが求められていると思います。

戦略的であることは、よく物事を考え、物事の全体や先々を見渡した上で計画を立てていくことです。霊的戦いの手法や方法において「断食こそが敵を打ち破ります」「賛美にある臨在こそが勝利の鍵です」「町を歩いて祈ることです」「密室の祈りが勝利を生みます」「早天祈祷会が鍵です」「徹夜祈祷会です」「主の御名の権威で直接悪霊を追い出す祈りが必要です」といった多くの優れた戦術が紹介されていますが、時には、それぞれの主張の間に不協和音が生じることもあるようです。しかし、私たちがかしらなるキリストに連なり、それぞれが異なった賜物に応じて多くの働きや務めを委ねられているのであって、全く相反するように思えるそれぞれの主張が、全体を見渡す戦略において互いに欠くことのできないものであることを理解し、認め合うことが必要です。

戦場にあっては、敵陣に乗り込み諜報活動を繰り広げるスパイも、最前線で特殊任務に当たるコマンド部隊も、食料を調達し、食事を作るシェフも、密室にこもってひたすら暗号を解読する通信士も、どれも欠くことのできない働きであり、本国で農作業をする農夫も、工場で働く工員も、実は戦いに参加しているのです。福音宣教という戦いにあって私たちクリスチャンすべてが魂を勝ち取る戦いの中にあります。心のいやしを必要として、さながら病院に入院しているような状況にあっても、そこは前線基地にある病院であり、そのいやしは再び戦いに遣わされるためのものです。しかし、戦いに属させるといっても、主はそれぞれをもっともふさわしい役割を与えることを通してそれをさせようとされています。「戦い症候群」に陥って疲れ果ててしまう方がありますが、最前線に立つことだけが戦いではなく、主が召しておられるその所で、主から委ねられている働きと賜物を活かしていくことが戦いに属していることなのです。

霊的戦いは、それを実践し、推進している私たちだけによってなされているという独善的な理解を持ってしまうことは慎むべきだと思います。また、たとえ批判や中傷まじりの意見が霊的戦いに対してあったとしても、同じキリストのからだに属している部分から発せられたものであるのなら、その言葉と意見に謙虚に耳を傾ける必要があります。なぜなら、からだの他の部分からの反応は、時に、互いの関わりの中から起きているものであり、注意を促されたり、不快感を伝えられることを通して、全体の戦いのバランスが与えられることを知る必要があります。戦いは主のものなのです。

このように、戦略的に霊的戦いを進めていくためにどうしても必要な理解は、キリストの体にあって戦いを進めるということです。戦略的な霊的戦いにおいては、多くのアプローチと戦術が十字架という共通の戦略を受け取ることにおいて必要なのです。

十字架の勝利に立ち、身を慎み、堅く信仰に立って、滅びに向かう魂を勝ち取るために、悪魔に立ち向かい、戦い続けましょう。

霊的戦いと世界観

ティモシー・ワーナー

クリスチャンらしい生き方をしようと求めている人々が、世界観について理解することができないために、多くの不都合な事態が生じてしまっています。それは、聖書を誤って解釈してしまったり、この地上での生活において彼らが目にしたり経験したりする事柄の解釈を誤ったり、聖書的世界観を彼らが育ってきた文化よりも上位に置くことをしなかったということに起因しています。

ジェームズ・サイアはその著書『隣の宇宙』の中で、世界観を「世界の基本的構造について、我々が（意識的または潜在意識的に）持っている前提条件あるいは仮定の集まり」と定義しています。[1] これらの前提条件あるいは仮定は、私たちが周囲の世界に意味を与えるためにそこから入ってくるすべての情報を通過させるような、一つないし複数のフィルターを形成しています。サイアが指摘しているように、これはしばしば潜在意識のレベルで行われます。私たちの大部分は、自分が世界観を持っているということすら意識していません。なぜなら私たちは、自分が育ってきた文化からただ単にそれを吸収してしまっただけだからです。私たちは、人生の中で起こる出来事について、聖書から見て、誤った世界観に基づいている可能性が大いにあるような重大な判断を下してしまうものなのです。

一九五六年に私は宣教師として西アフリカに赴きました。妻と私は、典型的な部族社会の村で奉仕をしました。その村でアフリカ人でなかったのは私たちだけでした。その部族の人々は典型的なアニミストで、霊の世界に対する強固な信念を持っていました。このことを聞いた人々は、時々私たちに尋ねました。「あなたがたはその地で多くの霊的戦いを目にしたのでしょうね」。私の答は「否」でした。私はそのようなものをたとえ目にしたとしても、それを理解しようともしなかったことでしょう。私は立派なキリスト教系の大学と、聖書を専門的に教える神学校を卒業し、さらにアメリカの一流大学で学位を取った人間です。しかし、これらの教育の中で、一つの概念として世界観を理解することを学んだり、私が仕えるべき人々の世界観における主要な信念について理解する助けをしてくれた人は一人もいませんでした。私は典型的な西洋人でした。私は自分たちの西洋的標準からすれば、高度な教育を受けていたのですが、私の受けた神学教育では、霊の世界を取り扱うことはできませんでした。その結果、アフリカ人たちが霊の活動について話しているのを耳にした時、その話は私の心の中にある「迷信」というフィルターを通って入ってきました。そのため、私はアフリカではそれほど多くの霊的戦いを目にすることはなかったと言わざるを得なかったのです。それは、そのようなものが存在しなかったからではなくて、私の西洋的世界観が、そのようなものを認識することを妨げていたのです。

　このケースでは、アフリカの人々が語ったり行なったりしていることだけが問題だったのではありませんでした。それは宣教師たちが語ったり行なったりしていることの問題でもあったのです。私たちはともすれば、すべての問題を本質的に人間的な性質を持ったものとして理解しがちでした。霊的戦いは、宣教師の活動や人間関係の中の要素であるとは決して見なされなかったのです。

　私たちは、悪霊たちは「立派な」クリスチャンには何もすることができないので、悪霊を無視することがサタンや悪霊に対処する最も良い方法だと考えがちでした。聖書は悪魔を無視するようにとは決して語っていないのにもかかわらず、私たちはそのようにしていたのです。

Timothy M. Warner
西アフリカでの宣教後、23年間フォート・ウェイン聖書大学で教鞭を執る。その後、トリニティ宣教神学校で宣教学の博士課程を教える。現在は、ニール・アンダーソン博士の主宰する「フリーダム・イン・クライスト・ミニストリーズ」で、聖書的・神学的・実践的霊的戦いの働きを進めている。
著書に『神の栄光のために～霊的戦い』（新生宣教団）がある。

それが、西洋的世界観から導き出される結論だったのです。聖書はそれとは反対に、一貫して悪魔に抵抗するようにと語っています（エペソ六章一四節、ヤコブ四章七節、Ｉペテロ五章八節では、同じギリシャ語の単語が使われています）。

フィルターとしての世界観の概念に戻りますと、私たちの西洋的世界観のフィルターは、誤ったものであると結論せざるを得ません。そのフィルターが聖書の教えに基づいて適切に構成されたものであるなら、私たちは世界における私たちの経験について、しっかりとしたクリスチャン的な結論に到達することでしょう。しかしそれが適切に構成されたものでなかったり、うまく機能しないものであるなら、不適切な、あるいは危険なほど誤った結論に到達してしまうでしょう。そう考えると、私たちの信念体系の中の世界観という部分は非常に重要です。

私は、なぜ教会が長年にわたってこのことに対してこれほどまでに低い関心しか払ってこなかったのか、理解に苦しみます。教会がこのような誤りを犯してきた、また今も犯し続けている最も論理的な理由は、サタンは私たちの信念体系の中のこの部分がどれほど重要なものかを知っているので、私たちの世界観を損なうために、あらゆる手段を用いて妨げているからです。

代表的な世界観

いくつかの代表的な世界観を概観してみると、私たちが述べていることを理解しやすくなるでしょう。多くの人々は、これらの世界観の大部分について、そのうちの一つだけを持っているというわけではありません。人々は、自分が告白する信念の内部における葛藤については、非常に寛容です。ある事柄については非常に西洋的で科学的な見解を持っているように見える人々が、他の場面では非常にアニミズム的な行為を行なっているということもあり得ます。しかしながら、異なった信念体系同士がどのように葛藤を引き起こすのかを知るためには、世界観の違いを理解することが助けとなるでしょう。

アニミズム

アニミズムはおそらく地球上で最も広く受け入れられている世界観でしょう。その最も純粋な形態は、世界中の文字を持たない部族社会に見ることができますが、ほとんどの近代化された社会においても、かなり認めることができます。アニミズムは、キリスト教やイスラム教、ユダヤ教、ヒンズー教などのように形式化されたことが一度もないために、一つの世界宗教や高度な宗教とは見なされていません。それは主に文字を持たない社会に見られるものなので、そこにはほとんどの世界宗教が持っているような「聖典」がありません。そこでは宗教における宇宙的な諸問題については広範に扱われることがなく、むしろ、日常生活における実際的な現実の問題が多く取り扱われ、部族によって様々なバリエーションが存在します。この世界観に適用することのできる、いくつかの一般的概念があります。

　大多数のアニミストは造物主やある種の至高神の存在を信じていますが、多くの場合、その神はあまりにも遠く離れた存在と考えられているため、その神とコンタクトを取ることは、不可能ではないにせよ、あまり起こりそうにないことです。ですから、図1ではこの神は一番上に括弧に入れられて描かれています。いくつかの儀式や行事ではこの神に言及されることもありますが、日常生活においては、それは非常に重要な役割を果たしているとは言えません。

【図1】

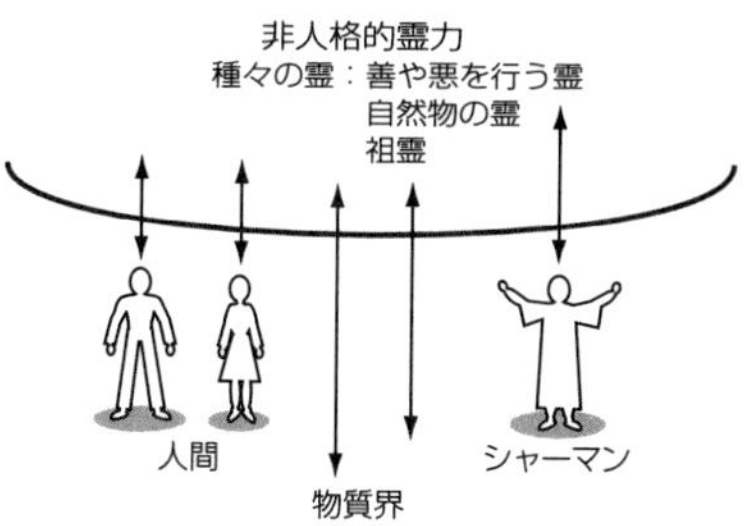

　日常生活に対するアニミズム的なアプローチにおいて支配的な二つの霊的力の一つは、非人格的な霊力（人類学の文献では「マナ」という専門用語で呼ばれますが、これは宇宙にあるすべてのものに行き渡っていると考えられています。特に東洋のいくつかの地域では、この力は神と呼ばれ、すべての人と物はこの非人格神の一部であるという仮定のもとに一元論的世界観が生み出されています。しかし、一般的には、それ自体は良くも悪くもない、電気のような力だと考えられています。それはただ存在し、そして力を持っているのです。それが良い結果をもたらすか悪い結果をもたらすかは、それに関わる人間によって決まります。ちょうど電気が作られ、強弱が調節され、必要な場所まで送られるのと同様に、マナもコントロールされるのです。

ふだんの生活の中で、私たちはスイッチを入れたり切ったり、電球を取り替えたり、延長コードを差し込んだりといった形で電気に関わっていますが、強力な電気を扱うためには専門家を必要としています。なぜなら、もしそれを適切に取り扱わなければ、私たちは感電死してしまうからです。私たちは光を発したり、モーターを動かしたりする力のために電気を重宝していますが、苦痛や、時には死にまで至らせるその力を恐れてもいます。けれども、私たちは電気ショックを悪とは思わず、それが電気のありのままの姿だと思います。アニミストたちもマナをそのように考えています。それは、ただ存在するだけで倫理や道徳とは無関係のものなのです。それが良い働きをするか悪い働きをするかは、どのスイッチを入れるか、そしてどのようにそれを取り扱うかによるのです。そして、電気の設備や問題を取り扱う専門家がいるように、アニミストにも霊の電気技師とでも呼べる存在があり、彼または彼女は、このような非人格的な霊的力を扱うエキスパートなのです。すべてのアニミストはマナと日常的に関わりを持っていますが、良かれ悪しかれ何か特別なことをしてもらいたい時には、シャーマン（祭司や妖術師、まじない師など）の所に行きます。というのは、シャーマンはこの力を操作するために必要な特別な定式や活動や言葉などを知っているからです。

この種の信仰は、世界のあらゆる地域で、またすべての世界宗教の信者の宗教的行為に見ることができます。フランスには医師よりも多くの魔術的治療者（いやしのプロセスを促進するためにこのような非人格的霊力を呼び出す人々）がいます。タイでは、仏教が支配的な宗教ですが、ある大学教授が私の友人の宣教師に打ち明けたところによれば、タイのほとんどすべての知識人は、同時にアニミストであるということです。彼の話では、自分が教鞭を執っている大学の学長は、重要な学問的決定を行う前にはいつもこの種の霊の助けを求めていたそうです。

アニミストにとって二番目に霊力の源となるものとして、個別のアイデンティティと働きを持った霊的存在があります。この霊的存在はマナのように非道徳的なものではなく、自覚的に善悪の行為に携わります。それは自然界に存在する物に関わる霊であるとか、死者の霊とか、その他あらゆる種類のものと考えられることがあります。

しかし、それらもまた、正しい方法や言葉を知っているなら、ある程度までは人間によってコントロールすることができます。しかしこのようなコントロールは完全なものではないので、アニミストはこれらの霊の機嫌を損ねたり、彼らの怒りを招いたり、敵が自分たちに敵対してマナやこれらの霊の力を用いたりするのではないかという恐れを絶えず抱きながら生活しています。真のアニミストにとっては、生活におけるほとんどすべての事物が何らかの方法で霊の世界につながっているのです。彼らは物事が起こる原因を、可能な限り超自然的なものに求めていると言うことができるかもしれません。したがって、アニミストにとっては、サタンとその配下にある悪霊の軍勢の活動に対する聖書の記述さえも、たちまち彼らの世界観によって解釈されてしまうのです。

西洋的世界観

　単一の西洋的世界観というものは存在しません。西洋世界は一種の多文化世界となってしまったため、そこに住む人々の信念体系の間には一致が見られないのです。しかし私は、大多数の西洋人が社会に適応するにあたって身につけてきた世界観について、ある程度のことが言えると思っています。

　西洋人の中には、神の存在を否定する人もいれば、神が世界を創造されたことを認めない人もいます。しかし他の国々に遣わされて行った宣教師たちが携えていった世界観には、常に創造神が含まれていたため、クリスチャンたちは神の存在を当然のことと考えています。

　一般的には、西洋的世界観はその機能上、二つの領域に分けられます。すなわち、超自然的領域と自然界です。（図２）前者には、神や天使、悪霊など、すべての霊的存在が含まれています。この領域は自然界からその働きに関して分離したものと考えられており、霊的な事柄は、生活や教育においては付加的なものと考えられています。

【図2】

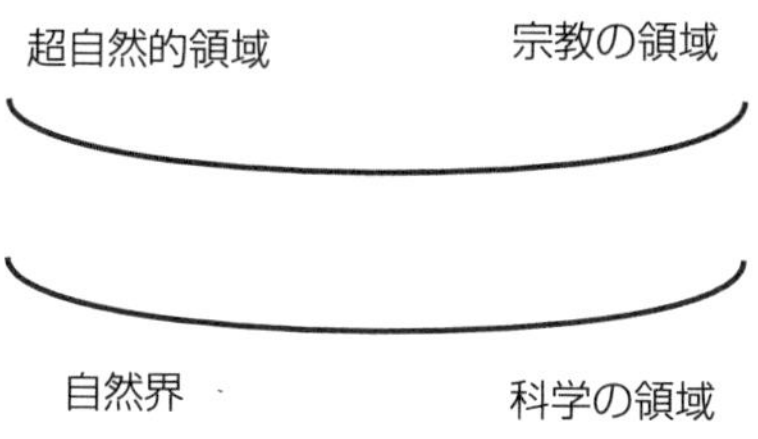

　自然界は科学法則によって支配されていると考えられています。神は世界を創造し、それを支配する法則を確立したかもしれませんが、今は天の御座に座ったままで、地

上の生活にはめったに干渉されません。時たま私たちは「奇跡」を体験しますが、それは例外的なものであって、普通に起こるものではありません。西洋における公教育は、宗教と科学は二つの異なった分野であって、相互作用するものではなく、分離したままにしておくべきであるという原則のもとに行われています。もっと正確に言うなら、アメリカの公立学校では、クリスチャン信仰は公教育からは分離されていなければならないが、別の言葉で記述された、その他の宗教的信念は認められると考えられているのです。他宗教は文化の一部として扱えるが、キリスト教はあまりに権威主義的だというわけです。

このような世界観に立っていると、私たちは「これは宗教の問題なのか科学の問題なのか?」「これは悪霊の仕業か、それとも単なる肉の働きなのか?」「これは個人的な(霊的な)問題なのか、それとも公的な(科学的あるいは自然的)問題なのか?」といった二者択一的な問題提起をするようになりがちです。私が最もよく受ける質問は、「ある人の問題が霊的なものなのか心理学的なものなのか、どのようにしてわかるのですか?」というものです。このような質問に対して、私は次のように答えています。「私の考えでは、不適切な世界観に基づいた質問もまた、不適切なものです。神様は私を部分的には世に属するものとして、部分的には霊的なものとして造られました。私のプシュケー(魂)は、科学的訓練を受けた心理学者が扱うような、中立的なものではありません。それは私の内にある神の似姿の一部であり、そのような視点からのみ、正しく理解することができるものです。ですから、それはいつも両方を含んでいるのです。私たちの感情と霊は絶えず相互作用をしており、身体と感情と霊も同様です」。

誤った世界観からは、私たちの地上での生活に関するあらゆる種類の誤った結論が引き出されてきます。本質的に霊的な問題を抱えた多くの人々が、それらの問題は純粋に肉体的なものであって、薬の投与によって解決することができるものであるかのように扱われてきました。しかし、薬はただ症状に対処することができるだけであって、真の治癒に至ることは稀です。人間の感情が実在しないものであるとか、症状に対処する医療行為が不適切だというわけではありません。しかし、もし問題が霊的なものであったら、その解決は霊的な事柄を取り扱うことによってのみ与えられるものです。私たちが人生の問題に正しく対処するためには、正しい世界観を持つ必要があるのです。

三〇〇年前に遡《さかのぼ》って、西洋文化を一瞥《いちべつ》してみると、その世界観はかなり違ったものであったことがわかります。大学では、神学は諸科学の王であると考えられていました。すべてのことは啓示された真理である聖書に適合するかどうかによって検証されましたが、今日の大多数の大学では、「啓示された真理」という概念すら認められていません。当時は、世界は創造されたものであり、神は被造物を通しても、ご自身の啓示された御言葉を通しても語られると考えられていました。

それから、啓蒙主義という運動が起こり、強力な哲学的言説が啓示を否定するようになりました。彼らは、人間は何らかの超自然的な人格や力との関係からではなく、自分が理性的な存在であるという事実から、意味ある事柄を見いだしていくのだと主張しました。まもなく起こった科学革命が、科学的方法だけが真理を見いだすための確実な方法であって、啓示された真理にはそのような可能性はないという概念を付け加えました。さらにその後、これらの混合体に進化論が加わりました。そして今日では世界は創造されたものではなく、進化してきたものだと考えられているために、人々は世界を、神の啓示を取り次ぐものとして見ることができなくなってしまったのです。

この啓蒙主義的世界観は、この世の生活に対する機能的な関係の中から神を抹殺しただけでなく、天使や悪霊という考えも閉め出してしまいました。このような霊的存在は、啓蒙主義者の考えの中にはどこにも見られません。この世界観が西洋で普及していったために、神学者や牧師でさえ、その影響を受けています。著名な神学者であるジョン・W・モントゴメリ博士は次のように述べています。

十八世紀の啓蒙主義以来、イデオロギー的にはキリスト教が過去のものとなった世界で働いている現代の聖職者たちは、世俗的な路線に最大限に従う思考様式を持つように訓練されてきました。彼らは世界で起こる出来事を説明する有意義な体系として、超自然的な領域がますます狭められていく時代にあってもなお、超自然の役割を信じている単純素朴な人々として戯画化され、不信者たちの砲撃を受けています。……このため、現代の聖職者たちは、身軽に旅を続けるために、超自然という重荷をすべて投げ捨て、自身への不信感を減らそうと努力してきました。最悪の場合には、その結果は「私の方があなたよりセキュラー（世俗的）だ」という態度として表れてきました。……現代における神学の改造において投げ捨てるべき最初の「超自然的荷物」とされたのは、悪霊論でした。（『主権と力（*Principalities and Powers*）』への補遺一六五～六六ページより）

このように世俗化された西洋的世界観が教会に浸透してきたことからすれば、霊的戦いについてほとんど取り上げられることがないのも不思議ではありません（この問題についてのさらに進んだ議論については、ロングとマクマレーの『青銅の天の崩壊（*The Collapse of the Brass Heaven*）』〈チョーズン・ブックス、一九九四年〉とグレゴリー・ボイドの『戦う神（*God at War*）』〈インターヴァーシティ、一九九七年〉を参照してください。後者は、聖書における「戦いの世界観」を学問的に提示している点で、特に良書と言えます）。また、霊的戦いを議論するに当たって、世界観の問題がなぜこれほど重要なのかも明らかです。

聖書的世界観

聖書の中には多くの世界観が反映されていることがわかりますが、その中で真理として提示されている世界観を一貫して見て取ることができます。超自然的領域と自然界という二つの機能的領域しか持たない西洋的世界観とは異なり、聖書的世界観は三つの機能的領域を持っています。それは、神の領域、天使の領域、そして人間やものの領域です（図3）。「もの」は動物や植物、鉱物などに分けることができますが、それは当面の議論には関係ありません。もし私たちが種々の社会に見られる世界観について、より包括的に見ていこうとするなら、そのような事柄も関係してくることでしょう。

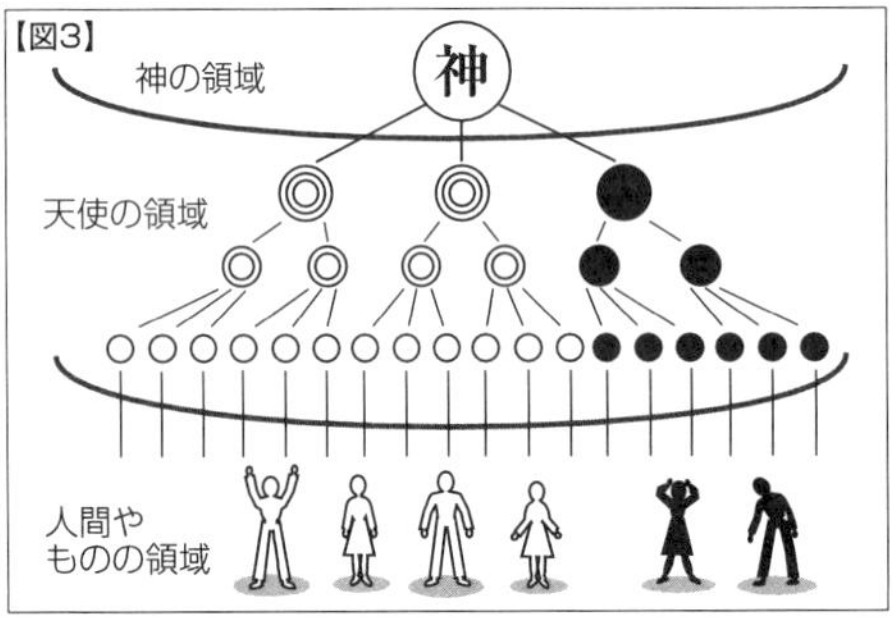

機能的領域について語る時、それは空間的領域についてではなく、存在

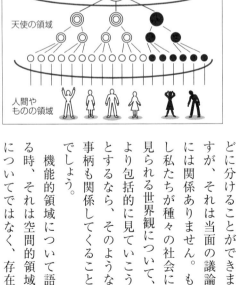

に関する領域について語っているのだということを述べておくことは重要でしょう。

神の領域には、神ご自身しかおられません。そこには天使もいなければ、もちろんサタンもいません。クリスチャンの中には、サタンが神のような性質を持っているかのように考え、恐れを抱いている人々もいます。中には、サタンが神と対をなして、永遠の善と永遠の悪として存在していると考えている人さえいます。サタンは決して永遠の存在ではありません。彼は堕落した天使であって、神に帰せられるべき属性を決して持ってはいないのです。

天使の領域は、西洋人にとっては理解困難な領域です。彼らは霊的存在がこの世界の一部として機能していることを認めたがりません。ですから、すべての霊的存在は超自然的領域に追いやられてしまうのです。

世界が神の創造の御手によって造り出された時、天使の領域はケルビムやセラフィム、大天使、「主権」、「力」など、多くの種類の天使が満ちていました。聖書には天使について十二または十三の言葉が用いられており、天においてて神を礼拝したり、地上の人間に関する神の命令を実行したりするなど、多くの働きをする存在として描かれています。神の御手によって造られた時、神ご自身がそれを「非常によい」と宣言されているように、よく整えられていました。

しかし、残念なことに、それは「非常によい」ままではありませんでした。というのは、最高位の天使の一人が、神とその権威に対する反乱を指導する決意を固めたからです。私たちは何が起こったかについて、明確に記述された説明を手にしてはいませんが、ルシファーは神のような存在になろうと決心したのだと思われます。後になって彼がひざまずいて自分を礼拝するようにとイエス様を誘惑した時に、自分を神のように扱わせようとしました。終末時には彼は不法の人の形をとって現れ、「すべて神と呼ばれるもの、また礼拝されるものに反抗し、その上に自分を高く上げ、神の宮の中に座を設け、自分こそ神であると宣言します」（Ⅱテサロニケ二章四節）。彼の大いなる野望は、神になることであると考えられます。しかし、彼は今やその目的を達成することは決してできないことを知っているため、残りの被造物に対する神の目的のすべてに逆らうことに専心しているのです。

サタンの主要な目的は、神の民に主の栄光に達しないようなレベルの生活を送らせることによって、できるかぎり多くの栄光を神から奪い取ることであるように思われます。十戒の中で神は、主の選びの民としてのイスラエルに対して、ヤハウェの御名をみだりに唱えてはならないと命じられました（出エジプト二〇章七節）。私たちはこれを、主の名を呪いや冒涜のために使ってはならないという意味に理解してきましたが、私は、神の子と呼ばれるようになりながら、神に栄光を帰すような生き方をしないことについて、神はここで語っておられるのだと信じています。それは、空しく、無駄に主の御名を私たちの人生において掲げていることになるのです。

ですから、霊的戦いは、センセーショナルな悪霊の現れなどによって始まるのではありません。それは、誰が私たちの日常生活をコントロールしているのかをめぐる戦いによって始まるのです。問題なのは、私たち（西洋人）の世界観が、サタンがこの戦いの働きの一部を担っていると見なしていないことにあります。私たちは、ともすればこれを単に肉との人間的衝突としてとらえてしまいがちです。肉はいつもこのことに関わってきますが、肉体的・感情的なレベルの生活を送り、私たちが今でも主権や力と格闘している（エペソ六章一二節）ということを忘れさせようとする誘惑によってこの世界のシステムを満たしているのは、サタンなのです。

シンクレティズムの危険

ある人の世界観が、回心の時点や、弟子化の初期の段階で聖書の世界観に沿ったものにされていなければ、完全な回心に至ることはできず、シンクレティズム（混合主義）が育っていく可能性が大いにあると言えます。シンクレティズムとは、ある人々がある事柄を信じていると表明している内容と、それらの人々が実際に心に信じ、行動に表す事柄が異なっていることです。

一例を挙げると、あるアフリカのクリスチャンの生活における罪について、別のクリスチャンが彼に忠告を与えました。彼はその友人に感謝して罪を悔い改めるどころか、激怒し、「私はこのことで君を決して赦さない。教会では、君を赦すと言うだろう。なぜなら教会は私が赦すことを期待しているから。しかしハウサ（彼の部族）は赦さない！」と言いました。彼はキリストが救い主また主人であり、聖書が信仰と生活における最終的権威であると言って、キリスト教信仰を表明していましたが、実際に彼の反応が示していたのは、彼が聖書の信仰よりも彼の部族の信仰を上位に置いていたということです。彼の文化が持っている世界観は、聖書の神によって私たちに与えられた世界観よりも優先されていたのです。

世界観の領域の中で、おそらく最も重要なものは、グレゴリー・ボイドが聖書の「戦いの世界観」と呼んでいるものでしょう。(2) この戦いの世界観を理解して、それを聖書の記述を通して見るフィルターとして用いないならば、今まで述べてきたような事柄を正しく解釈することはできないでしょう。戦いの世界観ということでボイドが言おうとしているのは、旧約聖書における神と異教の神々との戦い、そして新約聖書における神の王国とサタンの王国との戦いは、現実の戦いだということです。神の民の人生は、全能の神による変更不可能な計画に従ったものではありません。もしそうだとするならば、神は世界にある、あらゆる悪や苦しみを創り出した存在ということになり、サタンの責任の大部分を軽減してしまうことになってしまいます。

実際には、神は天使や人間に真の自由を与えられました。そして神はその主権的な力に関して、ご自身を制限されることを選ばれました。もし神がご自身をそのように制限されなかったならば、神はさらに大きな主権を行使することができたでしょう。いずれにしても神は主権者であられるので、霊的戦いに最終的に勝つのは誰かということに関しては、まったく疑いの余地はありません。究極的な勝利は、疑問の余地なくヤハウェのものですが、それまでの間は、現実の戦いが続いているのです。

私たちの多くの者が新しい信者の訓練において、聖書的世界観を取り扱おうとする時に省略してしまう重要な問題は、神の主権についてのものです。神はこの宇宙のすべての力の究極的な源です。実際、神は唯一の力の源なのです。神は天使や人間にその力を委譲されましたが、いまだにその力の源であり続けておられるのです。多くの世界観では、神以外の力の源が仮定されています。すなわち種々の霊や、人類学の文献でマナと呼ばれ、動植物や鉱物などあらゆる被造物に宿っているとされる非人格的な力などです。アニミズムにおいては、何らかの神に対する信仰があったとしても、その神は本質的には力のない存在であって、まったく主権者とは言えません。西洋では、唯一神の存在は主張されていますが、その神は理神論（訳注　創造者としての神は認めるが、創造後の世界に対する神の支配を否定する考え方）的な神であって、世界の出来事には干渉しない存在と考えられています。しかし、神をただ一人の合法的な力の源と考えない限り、私たちはその他の源を探し続けることになってしまいます。

ある東アフリカの国で、ある福音主義的な宣教団体が、自分たちが開拓した教会の主導権をアフリカ人の指導者たちに委譲しようとしたことがありました。その役職の候補者として、二人の男性が立てられていましたが、その一人は妖術師の所に行って自分の魅力を増してもらい、それによって指導者の地位に選ばれるチャンスを増大させようとしました。この男性が、自分が本当に信じている信仰のシステムについて語っていることは何でしょうか。彼は次のように言っているようなものです。「私は神様の力についてはよくわからないが、妖術師の力は本当に信じられる。だから私はできることはすべてしておこう」。これは最悪（つまり指導者のレベルにまで及んでいる）のシンクレティズムです。この教会の監督候補者がキリスト教に回心した時に、神が主権者であるという世界観を自分のものにしていなかったことは明らかです。

結論

人が霊的戦いをどう考えるかということについて、その人が持っている世界観は明らかに大きな影響を与えます。また、パウロがローマ人への手紙八章三七節で述べているような、「圧倒的な勝利者」となろうとする時に、聖書的世界観が本質的に重要だということも明白です。西洋の啓蒙主義哲学は西洋的世界観を、私たち自身が認めたくないほどまでに堕落させてしまいました。今こそ、この主題についての聖書の明瞭な教えに戻るべき時なのです。

注

(1) James Sire, *The Universe Next Door* (Downners Grove, IL: InterVarsity Press, 1976), p.17.

(2) Gregory Boyd, *God at War* (Downners Grove, IL: InterVarsity Press, 1998), pp. 13-14.

聖書的な戦いの理解のために

ポール・ヒーバート
スコット・クリングスミス
【共著】

近年、人々の生活における力としての福音と、神とサタンの間で繰り広げられる霊的戦いに対する関心が、再び強まってきています。これはそれまで西洋の多くの教会が、福音を単なる真理として強調してきたことに対する、重要な修正として現れてきました。真理と力はどちらも福音の中心的テーマで、神の民の生活に現されるべきものです。

善悪の戦いや、善い神々と悪しき霊との間の力による対決といった物語は、大部分の宗教に見られるものです。ヒンズー教のラマはラヴァナと戦い、仏教では仏陀は魔羅と戦い、イスラム教ではアッラーがシャイタンと戦います。しかし、これらの物語を読む時に、私たちはこれらの神話が聖書で言及されている霊的戦いとは非常に異なったものであることを感じます。これらの違いを理解するためには、それらの背景となっている世界観を理解する必要があります。また、聖書を読む時には、私たち

Paul G. Hiebert, PhD
インドへの宣教師として長年奉仕した後、フラー神学校の世界宣教学部で教鞭をとる。現在は、トリニティ神学校の宣教学部長、宣教学と人類学の教授でもある。福音宣教と文化の問題に関するいくつかの著書がある。

Scott Klingsmith
東ヨーロッパにおける保守バプテストの国際宣教ボードで、神学教育に携わっている。

自身の世界観が霊的戦いの現実と性質に関係してくるので、それを吟味していく必要があります。さもないと、私たちはそこに、戦争や戦いについての自己流の理解を読み込んでいってしまい、そこにあるメッセージをゆがめてしまいます。

世界観

人間の文化における行動や信念の下には、現実を見るある一定の見方、また、私たちが周囲の世界をどのように見るかというものの見方、すなわち世界観があります。私たちはこれによって経験から意味を引き出し、自分が居るべき場所にいるという感覚を持ち、自分の見たものが現実に存在する本当の在り方なのだということを確認するのです。ですから私たちの見方に同意しない人々は単に誤っているだけでなく、狂人であって、現実から遊離した人々ということになります。

世界にはいろいろな文化があります。そして、他文化の人々はそれぞれ異なった世界観を持っているため、最も根本的なレベルにおいてさえ、異なった見方で現実を認識しています。しかし眼鏡を意識することがないように、私たちが自分自身の世界観を意識することは困難です。私たちよりも他の人々の方が、私たちの世界観をよく見ることができるのです。

霊的世界における戦いに関するいくつかの異なった世界観、特に聖書を読む時に持ち込んでしまう世界観を理解することは重要です。私たちは多くの場合、自分たちの世界観が聖書的なものであると考えてしまうのですが、実際にはそれらの大部分は、私たちを取り巻いている文化によって形作られたものなのです。さらに、聖書にある霊的戦いの記述の背後にある世界観を理解するためには、御言葉を学んでいく必要があります。

世界観に関わる諸問題を理解することによって、霊的戦いも理解することができます。世界観は様々なものの見方、考え方に大きな影響を与えます。私たちが自分自身をどう理解するかによって、霊的戦いを内的な戦いと見るか外的なものと見るかが決まり、他者をどう見るかによって、種々の霊や祖霊などが本当に存在するのかどうかを決定します。因果関係（物事がどのように起こっていくのかということ）についての見解によって、私たちに起こる様々な悪い出来事が、呪術師や魔術によって引き起こされたということを認めるかどうかが決まります。そして、空間認識の仕方によって、目に見えない空間には霊的存在はいないと考えるか、それともそのような存在で満ちていると考えるかが変わってくるのです。

私たちの世界観は、私たちがクリスチャン生活について使うメタファー（暗喩《あんゆ》）にも影響を与えます。ある人々はクリスチャン生活を旅や巡礼や歩みとしてとらえています。また、それを観照すること、あるいは成長すること、あるいは神について熟考することという点から捉える人もいます。西洋社会は暴力と闘争の神話に深く基づいており、多くのクリスチャンはクリスチャン生活を霊的戦いとして考えています。もしジョン・バニヤンが『天路歴程』（原題を直訳すれば「巡礼者の前進」）を現代に書くとしたら、彼はそれを『兵士の行軍』という題にしたことでしょう。

霊的戦いに関するこの世的な諸見解

聖書に書かれている霊的戦いについての理解を歪曲してきたこの世にある次のような見解について、簡単に検討していくことにします。これらは現代の伝説や神話、映画、政治、ビジネスなどの中に息づいています。その後で、霊的戦いについての聖書的イメージを検討することにしましょう。

世俗的唯物主義

西洋の世界観は、神や天使や悪魔のいる超自然的世界と、人間や動植物や物からなる自然的な物質世界に分割する、デカルト的二元論によって形作られてきました。世俗主義が広まるにつれ、超自然的な世界が実在するという考えは拒絶されました。この世界観によれば、唯一実在するのは物質世界であり、科学によって究明できる世界です。それ故、そこには神も天使も悪魔もいないわけですから、種々の霊的存在が戦うということもありえません。

現代のクリスチャンの中には、このような霊的実在を否定する考えを受け入れている人々もおり、現代の世俗的科学の信条に適合させるために、聖書を非神話化しようとしています。天使や悪魔、奇跡やその他の超自然的実在は科学的用語によって片づけられてしまいます。彼らは、戦いは人間社会の種々のシステムにおける善と悪の間に存在していると主張し、教会は、政府やビジネスや宗教といった、抑圧的で搾取的な人間のシステムによって引き起こされる、貧困や不正、抑圧などの悪と戦うために召されているというのです。

二元論的宇宙論

　第二の世界観は、ゾロアスター教やマニ教、ヒンズー教などの宗教に見られる、二元論的宇宙論です（図１）。そこでは力強い神々が、宇宙の覇権をめぐって戦っています。つまり、一方の側は正義と秩序の王国を確立しようとし、もう一方は悪の帝国を作ろうとしているのです。この両者は同等の力を持っていて、悪が倒されたとしても、それは再びよみがえって戦いを挑んでくるので、この戦いには終わりがありません。すべて存在するものは二つの陣営に分かれます。つまり善神と悪神、天使と悪魔、善い民族と悪い民族、善人と悪人といったぐあいです。この二つの陣営を分ける境界線ははっきりとしています。しかし、善い神々や人間は、もし悪い存在が悪い手段を先に用いたならば、彼らを倒すためにそのような悪い手段を用いることも正当化されるのです。悪しき存在は贖われるべき価値を持ったものではなく、善が支配するために滅ぼされなければならない存在です。

【図1】　二元論的宇宙論の神話

	善		悪
天	善い神々	← 中心的な力の戦い →	悪い神々
人間	善い人間	（堕落）↓ ← 力の戦い →	悪い人間
自然	善い自然	← 力の戦い →	悪い自然

　西洋の多くの保守的クリスチャンは、二元論的な世界観を持っています。彼らは超自然的な実在と自然界を切り離して考えます。神や天使や悪魔は天上の世界にいると信じているので、それらの存在は物質界における日常生活にはほとんど関わることがありません。人々は救いを求めて神に祈りますが、いやしのためには現代医学に頼り、いわゆる悪霊憑きといった問題については心理学に頼ります。この世界観によれば、霊的世界における戦いとは、人間の死後の運命を永遠に決するために、神と天使たち、そして悪魔と悪霊たちとの間で、天において繰り広げられている、宇宙的闘争のことなのです。

　前世紀には西洋の宣教師たちは世俗的な世界観の影響を受けていたため、しばしば宣教地において、霊的な事柄に関して人々が何を信じているかを理解することができませんでした。彼らの多くは人々が魔術や妖術、霊にとり憑かれることを恐れているのに対して、解答を与えることができませんでした。今日、クリスチャンの中には神とサタンがほとんど同等の力を持った敵同士で、ある特定の霊的衝突の勝敗はわからないと考えている人々もいます。その結果、悪魔的な勢力に対して神と天使が勝利を収めることができるようにするためには、熱烈な祈りが必要となってくるというのです。

　このような二元論的宇宙論は、聖書にはありません。神とサタン、天使と悪霊は人々の地上での日常生活に深く関わっています（ヨブ一～二章）。神とサタンは、異なった動機からですが、どちらも人々をいやし、繁栄を与えます。しかし、神は創造主であられ、サタンは被造物であって、この両者の間には非常に大きな質的違いがあるのです。サタンは自分が神のようになることができるかもしれないと夢見たことがあったかもしれませんが、この両者の間には、越えることのできない隔たりがあるのです。

宇宙的闘争

霊的世界における戦いに関する第三の見解は、伝統的な部族社会で見られるものです。ここでは人々は霊的実在についての鋭敏な感覚を持っており、日常生活の多くの部分を霊的諸力という見地から解釈しています。人々は、天と地は神や地霊や祖霊、幽霊、悪霊、人や動物や自然界にある様々なものの霊などの存在で満ちていて、それらは権力や自己の利益のために互いに関係を持ち、欺き合い、押し合い、戦っているのだと考えています。これらの存在は完全に善いものでも悪いものでもなく、自分たちに仕えたり、自分たちをなだめたりする人々を助け、自分たちの意思に逆らったり、自分たちを無視したり、讃えなかったりする人々に害を与えるのです。

　このようなアニミズム的な社会では霊的世界での戦いはいろいろな存在

【図2】霊的世界における戦いについての部族的な見方

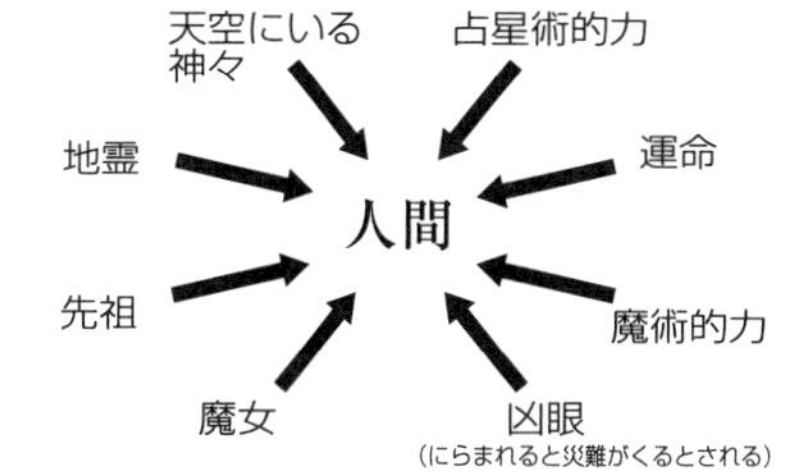

から成る、いくつもの同盟の間で進行中の戦いとして捉えられています（図2）。たいていはこれらの同盟は民族や地域に基づくものです。この戦いは基本的には「善」と「悪」の戦いではなく、「我ら」と「彼ら」の間の戦いです。ある一つの村や部族の神々や霊や祖霊や住民は、周囲の村や部族との絶えざる交戦状態にあります。ある集団の人々が他の集団の人々を打ち負かしたならば、その勝利は彼らの神々や霊の力によるものとされますが、彼らが負けると、それは彼らの神々の弱さのせいにされるのです。このことは、旧約聖書におけるペリシテ人やその他の諸民族が、イスラエルとの戦いをどう捉えていたかということに表れています。彼らはその勝利を、自分たちの神々によるものとしていました。

霊的世界での戦いに関する伝統的な部族社会の見解においては、土地が重要な役割を果たしています。神々や諸々の霊や祖霊は、ある特定の地域や物体に宿り、その地に住む人々を守護しますが、遠方に旅をする時、もはや自分たちの神々の守護の下にはいなくなります。ある地域社会が戦いに負けると、人々は忠誠を尽くす対象をより強力な神に取り替え、その神に仕えるようになると考えられます。新しい神々への宗旨変えは、しばしば劇的な「力の対決」を伴います。

西洋における、この世界観の重要な一例として、暴力による贖いを扱ったインド=ヨーロッパ的な神話がありますが、ここでは闘争が重視され、戦士が賞賛されます。この世界観における中心的な関心事は秩序です。秩序を打ち立てるためには、何らかの支配が必要ですが、それは、強い者が戦いによって他者を打ち負かす時にのみ達成されます。したがって、よりよい社会を到来させるためには、暴力が必要となってくるのです（Larson 1974, Puhvel 1970）。それ故、勝つことがすべてであり、戦士にとっての最高の美徳は、自分の王に仕えて死ぬことなのです。

インド=ヨーロッパ的な戦いのモラルは、「フェアであること」「機会の均等」、そして何よりも、「勝利を収めること」です。フェアであるためには、戦いは大体において同等の力を持った存在の間でなされ、結果が予想できないものでなければなりません。プロの野球チームをアマチュアのチームと対戦させることは「フェアではない」ということになります。機会の均等とは、どちらの側も勝利を得るために同じ手段を使うことを意味します。もし悪の側が不法で邪悪な手段を使うならば、善の側がそれらを使うことも正当化されます。映画の中では、警官は自分から先に発砲してはなりません。しかし、犯罪者が銃を抜いたならば、その警官は彼を裁判抜きで射殺することができるのです。結局のところ、善い側も悪い側も、戦いに勝つために暴力や虚偽や脅しを用いるのです。この世界観では、カオス（混沌）が最大の悪で、力が最大の善なのです。

インド＝ヨーロッパ的世界観においては、戦いに関心が集中し、人々は自分たちの神話における神々の戦いについて語ります。それらの戦いの結末は、地上の人間たちに影響を及ぼします。また、その根底にあるのは、すべては競争に基づいており、競争は良いものであって、善（強さ、成功、知性）は究極的に勝利を収めるという信念です。この終わることのない競争の結果として生じてくるのは、（文明ならば）進歩、（経済では）発展、（生物の）進化、そして（スポーツにおける）優れた腕前です。

インド＝ヨーロッパ世界の宗教は、西洋では大部分が滅んでしまいましたが、ウォルター・ウィンクが指摘しているように（1992）、インド＝ヨーロッパ的世界観は現代の西洋思想を支配しています。それは進化論や資本主義の理論的基盤となっており、西洋の娯楽における支配的なテーマとなっています。それは、フットボールやバスケットボール、テニス、ホッケー、チェスやモノポリーなどの、現代のスポーツやゲームの本質をなしています。人々は金を払って競技を観戦し、それが終わると、次の競技を心待ちにしているのです。またこの世界観は、西洋の探偵小説、犯罪小説、SF小説や漫画において繰り返し語られているものです。

インド＝ヨーロッパ的世界観を、クリスチャンが聖書を解釈する時に用いると、霊的世界における戦いを神とサタンとの間の宇宙的な闘争と考えることになります。それは天における戦いですが、空中や地上にも及びます。中心的な問題は力に関するもの、すなわち、神はサタンに勝つことができるのか、ということです。人間はこの戦いの犠牲者となっています。キリストのもとに来た人々でさえ、サタンからの身体的攻撃を受けます。また問題は地域的なものでもあり、ある地域を支配しているのは神かサタンかということが問われるのです。

霊的戦いについての聖書的見解

霊的現実についての聖書的イメージは、近代的なそれ

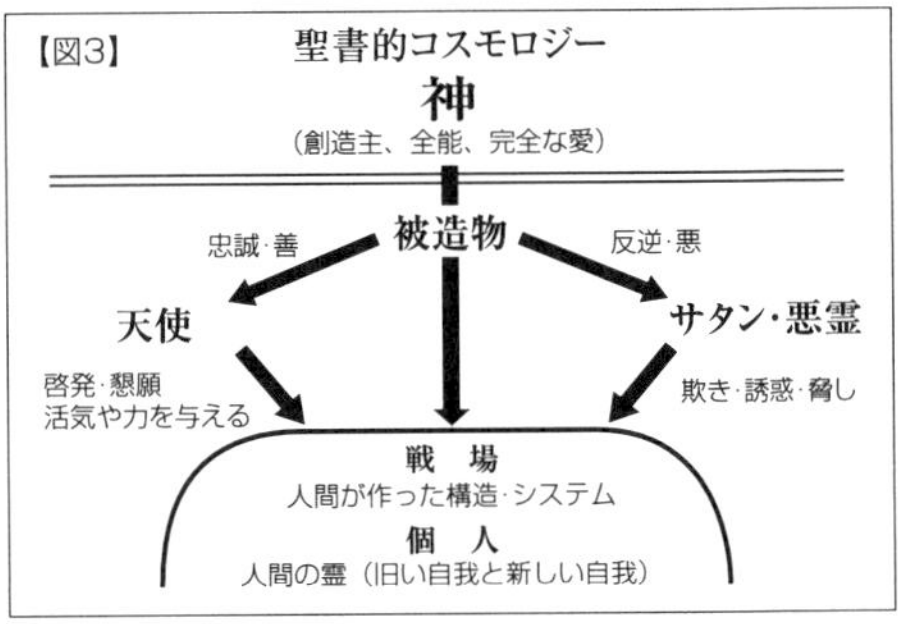

とも、二元論的なそれとも、アニミズム的なそれとも、インド=ヨーロッパ神話のそれとも根本的に異なっており、私たちが関与している宇宙的な霊的戦いについて、非常に異なった見解を与えてくれます（図3）。戦いは、聖書に一貫して出てくるメタファーです。旧約聖書で主に出てくる戦いのイメージは物理的なもので、そこにはイスラエルの民が敵と戦い、悪を絶滅する聖戦を行なったことも含まれています。イスラエル人は時として周囲の民族の神々を、彼らの土地を支配している部族神と見ていたかもしれませんが、聖書は、異教の神々は木や石から人間が創り出したイメージにすぎないことを明確に教えています（イザヤ四四、四六章）。ある国に関わる特定の霊を認める可能性を示唆しているかもしれないと思われる箇所は、ダニエル書一〇章一三～二〇節です。ここでは「人の姿をとった者」がペルシャの王（ペルシヤの君）の妨害を受けていたと語っていますが、この箇所の用語法とイメージは明確なものではありません。

新約聖書では、戦いに関する、より霊的な見方に焦点が移ってきます。福音書は明確に、物や場所ではなくて人に住みつく悪霊または汚れた霊の存在を示しています。イエス様の時代の悪霊払い師は、悪霊に憑かれた人の鼻腔に匂いの強い木の根をつっこんだり、呪術的な祈祷を通してさらに高位の霊を呼び出すといったテクニックを用いていました（Keener 1993）。これとは対照的に、イエス様はただご自身の権威だけに基づいて悪霊を追い出しました（マルコ一章二一～二七節、九章一四～二二節）。主は、単なる力ある魔術師ではなく、サタンやその使いたちに対してその御意思と権威を行使される、主権者なる神であられるのです。パウロは天における宇宙的な戦いがあること（エペソ六章一二節）、また地上では、クリスチャンに対するサタンの個人的な攻撃が現実的なものであること、そしてその勝利が主にあることをはっきりと認識していました。

聖書が明確に教えているのは、神とサタン、善と悪の二元論的対立が永続的なものでも、共存的なものでもないということです。はじめに神があり、神は永遠で義なる方であり、愛であり善であるお方です。神の創造は進行中のプロセスです。神はサタンや罪人を、すべての被造物と同様、神の継続的な創造のわざの中でお造りになりました。彼らの存在そのものが、神のあわれみと愛の証しなのです。したがって、そのような中での戦いは、残忍な力によるものではありません。聖書は神の全能性にいささかの疑問も差し挟んではいません。サタンやその配下の軍勢ですらこのことを認めています。しかし、インド＝ヨーロッパ的な見解に立つならば、ペリシテ人やエモリ人が勝利したのは、彼らの神々がヤハウェよりも強かったことの証拠だということになってしまいます。

聖書では、ヤハウェは単なるイスラエルの部族神ではなく、宇宙の創造主である神として描かれています。旧約聖書の記者はイスラエルの敗北の原因を、ペリシテ人やエモリ人やミデヤン人の神々の力の故ではなく、ご自分の民が背いて他の神々に向かったことに対する神の裁きに帰しています（士師記四章一～二節、六章一節、一〇章七節、Ⅰサムエル二八章一七～一九節、Ⅰ列王記一六章二一～二三節、Ⅱ列王記一七章七～二三節）。

聖書における霊的戦いとは、光と闇、聖さと悪、義と罪との間の、道徳的な戦いです。神は聖であり、愛、いのち、そして真理です。悪は自立して存在するわけではなく、善の乱用された姿なのです。それは神への反逆であり、偶像崇拝であり、暗闇、憎しみ、欺き、そして死です。ユージーン・ピーターソンは次のように書いています。

今も進行中の霊的戦いが存在している。それは道徳的な全面戦争である。悪や残酷さ、不幸や病気が存在する。また迷信や無知や粗暴さや苦痛が存在する。神はこれらすべてに対して、絶え間なくまた精力的に戦っておられるのである。神はいのちの味方であり、死の敵である。また愛の味方であって憎しみの敵、希望の味方で絶望の敵、天国の味方で地獄の敵なのである。宇宙にはいかなる中立地帯もない。最後の一平方フィートに至るまで、争奪戦が繰り広げられているのだ（1997, 122-123）。

多くの方は、なぜ神が簡単に勝利を宣言されないのか、疑問に思うかもしれません。サタンは、これまでも、これからも勝利することはありません。しかし神が、反抗的な人間たちをご自身のために勝ち取るという、より高い目的のために働いておられるため、この戦いが継続するのを許しておられるのです。主は最終的な勝利において、究極的にはご自身の栄光を現されるでしょう。

ここで、二つの聖書的なイメージを考えることができます。一つは人間レベルのもので、もう一つは宇宙レベルのものです。

人間レベルの霊的戦い

最初のケースのたとえとして、放蕩息子のことを考えてみましょう。父は息子に惜しみなく愛を注ぎますが、息子は反抗して、父に背を向けてしまいます。父は息子を罰することは考えず、もう一度彼を取り戻そうとして、無条件の愛をもって手をさし伸べます。息子は父が自分を憎むようにし向け、それによって自分の反抗を正当化しようとしますが、父は息子がしたすべての悪を甘受し、彼を愛し続けるのです。息子が悔い改める時、彼は家族の一員として完全に回復されます（ルカ一五章二一～二四節）。同様に、神も反抗的な被造物を愛しておられ、救おうと切に願っておられるのです。もし主がそうされないとしたら、それは完全な愛とは言えないでしょう。

人間の神への忠誠をめぐるこの戦いにおいて、人間は受け身の犠牲者ではありません。神に対する反逆において、人間はサタンとその軍勢との共謀者なのです。アダムとエバが誘惑に屈して以来、自己を神とすることが、第一の偶像礼拝となりました。ですから霊的戦いとは何よりもまず内面的なものであって、私たち自身の罪深い性質に対する戦いなのです。人々はいつもサタンや悪霊の力によって悪を行なっているわけではなく、自分たちにとって自然と思われることをするのです。また、すべての罪や苦しみがサタンのせいだというわけでもありません。罪人である私たちは、自分自身の罪の故に、処罰に値する存在なのです。この点について、私たちの自己に関する世界観が、私たちの解釈に影響を与えます。もし私たちが人間を根本的には善い存在だと考えているなら、悪が存在するのはサタンのせいだということになります。もし人間が堕落した罪深い存在であるなら、サタンは世界における罪深い活動のすべてに対して責任があるわけではないことになります。

救いを受けた時、人々はサタンの力から解放されます。

「キリストにある」すべての人はキリストが持っておられるような無類の素晴らしい性質を共有するようになり、サタンや悪霊について心配したり、恐れに縛られたりする必要はなくなります（Iヨハネ四章四節）。サタンは罪の楽しみで誘惑したり、恐れによって脅しをかけたり、罪を告発したりしますが、人々はサタンの攻撃を防いでくれる神の武具を身につけることによって、その攻撃に対して堅く立つようにと召されているのです（エペソ六章一〇～一八節）。この地上における究極の勝利は、いやしではなくて聖さです。

サタンは自分の支配に身を委ねてくる人間を所有することができます。しかしイエス様はご自身のミニストリーでなされたように、クリスチャンがこの偽り者であるサタンから解放されるよう祈るようにと励ましを与えています（マタイ七章二三節、コロサイ二章一五節）。ですから、サタンが今でもクリスチャンをコントロールしていると考えることは、神の救いの偉大さを否定することです。サタンとその軍勢は非常に現実的な存在であって、神の光の王国に敵対して戦闘態勢にある、暗闇の力を体現しています。彼らは罪人が回心するのを妨害し、救われた人々を引き戻そうとしています。その一方で、神の御使いの軍勢は、聖徒たちを守り、導く奉仕に当たっているのです（II列王記六章一七節、創世記二四章七節、三一章一一～一二節、ダニエル八章一五～一六節、九章二〇～二三節、マタイ一章二〇節）。

私たち人間の反逆は、個人的なものも集団的なものもあります。個人として私たちは神に背いてしまいました。集団レベルでは、人間の作り上げたシステムに関わるものです。人間は社会や文化を作り出します。それらの中には良いものも多くありますが、悪いものもたくさんあります。文化システムは人々を真理に対して盲目にさせ、社会システムは個々の人間がキリストのもとに来ることを妨げることがあります。家族の絆や宗教的構造や社会の様々なシステムは、迫害や死の苦しみによって、彼らが回心するのを妨害します。経済や政治のシステムや制度は、善が否定され、人々が抑圧されるような環境を作り出すこともあります。人間の持つあらゆる制度は、それらが罪深い人間によって作られているために、悪を増進させる可能性を持っているのです。

地上においては、この戦いは地域をめぐる戦いではなく、人間の心、そして神を信じる社会をめぐるものです。クリスチャンは教会へと召された存在ですが、教会とは、キリストが認められ、主として崇められ、真理や愛や義が支配する、対抗文化《カウンター・カルチャー》としての役割を与えられた共同体なのです。しかしながら、福音の力によって戦いを挑まれることもなく、サタンが支配しているような地域においては、戦いはしばしばより激しいものとなります。サタンは自分が握っている、神に従わない人々を手放す気は毛頭ありません。そして彼らが神の権威を認めるようになることを妨げようとして、どんなことでもしてくるでしょう。

宇宙レベルの霊的戦い

神とサタンの間の天における戦いについては、聖書に見られる反抗的な農夫たち(マタイ二一章三三〜四四節)のたとえが理解の役に立つでしょう。はじめのうち、農夫たちは忠実で、与えられた地位によって、神の国のある一部分に対する合法的な権威を持っていました。その後、彼らは反逆し、正しい者たちを迫害します。インド=ヨーロッパ的神話に従うならば、王は反逆者たちを力によって打ち負かし、彼らを滅ぼさなければなりません。聖書的なコスモロジーによれば、王はまず和解を求めます。そこで、彼は僕を遣わします。僕たちがひどい仕打ちを受けると、今度は自分の息子を遣わします。息子は農夫たちの法廷で裁かれ、有罪とされ、死刑にされてしまいます。この事件が天にある王の最高裁判所に伝えられると、農夫たちの下級裁判所の仕業は悪であるとされ、彼らはその権力の座からはずされて、処罰を受けます。聖書における中心的問題は、力ではなく権威に関するものです。

この戦いにおいて、究極の、最終的な勝利は十字架です。十字架は、この世の世界観においては何の意味も持っていません。インド=ヨーロッパ的世界観に従うならば、戦士としてのキリストは、ご自身を苦しめる者たちの挑戦を受けて立ち、天上で臨戦態勢にあった天使の軍勢を呼び下して、十字架から降りるべきでした。聖書では、十字架はサタンの敗北と神の勝利を意味する、究極的な勝利です(Iコリント一章一八〜二五節)。それは、弱さによる勝利の現れです。十字架の上で、イエス様は世の罪を背負い、すべての悪の力に対して勝利を収められました。主は死に至るまで従順であられたことによって、「悪魔という、死の力を持つ者を滅ぼされた」(ヘブル二章一四節)のです。十字架はサタンの破滅を意味します（コロサイ二章一五節）が、サタンの敗北自体が目的なのではありません。むしろ、それは神の国にふさわしい人々を創り出していくという神の目的を阻んでいた障害を取り除くものです（創世記一二章二節、出エジプト一九章三節以下、Ⅰペテロ二章九節）。十字架は悪に対する義の勝利であり、憎しみに対する愛の勝利であり、サタンの道に対する神の道の勝利なのです。クリスチャンが十字架を神の勝利として捉えていないなら、霊的戦いについての理解を吟味する必要があります。

クリスチャンは霊的戦いを非常に真剣に受け止めると同時に、その戦いを、神とサタンの間の、どちらが勝者となるかを決めようとする争いのように捉えることのないように注意しなければなりません。そのようにすることは、神をその被造物と同じレベルに引き下げることであって、戦いの勝敗の行方について、疑いや恐れを招くことになります。不幸な出来事や病気の大部分は、直接悪霊によって引き起こされたものではありません。それらは人間の堕落した地位と、罪に対するさばきの一部なのです。ウォルター・カイザーとその共著者は次のようなことを明らかにしています。

悪霊とは、説教や教えやいやしといった外面的な行為の背後で起こっている、宇宙的・霊的な戦いの一部です。悪霊という存在がいるということは、神の支配とは何を意味するのかということや、救いとは単に身体的な病気や政治的な抑圧や貧困から解放されることではなく、根本的には最後の審判、霊的な罪、そしてこれらのことに結びついている悪しき霊の勢力からの解放であるという事実についての新約聖書の説明に適合したものなのです（1996, 81）。

悪霊の活動は確かに現実のものですが、人々がキリストのもとに来るのを妨げる最大の障害は、堕落した文化と社会システムに現れている人間の罪と反逆なのです。これらによって、人々は創造主ではなく自分自身を礼拝する者になっていくのです（ローマ一章二一～二五節）。

地域を支配する霊の存在を信じることは、その地に住んでいる人々は神々の宇宙的な戦いの不幸な犠牲者であって、ひとたび解放されるなら、喜んで集団的にキリストに回心するというように解釈される可能性もあります。このような考え方は、人間の罪深さを軽視したものです。たとえ悪霊が追い出されたとしても、人間たちは彼らを呼び戻し、神への個人的かつ集団的な反逆を新たにしていくことでしょう。

　クリスチャンはサタンやその手下どもをある地域と結びつけて、彼らをそこから追い出せるような存在としてとらえるべきではありません。それは、キリスト教的世界観にアニミズム的信仰を持ち込むことになります。霊がある地域に住みついて、地域を支配していると人々が信じているからという理由だけで、本当にその通りだということにはなりません。私たちは人々の民間信仰ではなく、聖書に導きを求めていかなければなりません。私たちの世界観は、自分たちの文化ではなくて聖書によって形成されるべきものなのです。

　霊的世界での戦いについてどのような見方をするにしても、その際に重視されるべきことは、神とその御力であり、人々がきよい生活を送り、敵の猛攻撃から守られるのは「キリストにある」という事実によるということでなければなりません。悪霊や戦いに焦点が当てられる時、人々は絶望に陥り、神がすべての創造者かつ統治者であられ、これまでもそうだったという事実を見失ってしまう危険性があります。C・S・ルイスは次のように記しています。

> 悪魔に関しては人間は二つの誤謬《ごびゅう》に陥る可能性がある。その二つは逆方向だが、同じように誤りである。すなわち、その一つは悪魔の存在を信じないことであり、他はこれを信じて、過度の、そして不健全な興味を覚えることである。悪魔どもはこの二つを同じくらい喜ぶ。すなわち、唯物主義者と魔法使いとを同じように、もろ手を挙げて歓迎する。（邦訳書二五ページ）

霊的な戦いについての世俗的なアプローチは、その存在を否定します。二元論的、伝統的またインド＝ヨーロッパ的アプローチは、それをアニミズムと魔術に歪曲してしまいます。クリスチャンはこれらをすべて退け、聖書的な戦いの理解に立たなければならないのです。

引用文献

Kaiser Jr., Walter C., Peter H. Davids, F. F. Bruce, and Manfred T. Brauch. 1996. *Hard Sayings of the Bible*. Downers Grove, IL: InterVarsity Press.

Keener, Craig S. 1993. *The IVP Bible Background Commentary: New Testament*. Downers Grove, IL: InterVarsity Press.

Larson, Gerald J. ed. 1974. *Myth in Indo-European Antiquity.* Berkeley: University of California Press.

Lewis, C. S. 1961. *The Screwtape Letters.* N. Y.: Macmillan.（森安綾・蜂谷昭雄訳『C・S・ルイス宗教著作集1　悪魔の手紙』新教出版社、一九九四年）

Lincoln, Bruce. 1986. *Myth, Cosmos, and Society: Indo-European Themes of Creation and Destruction.* Cambridge, MA: Harvard University Press.

Peterson, Eugene. 1997. *Leap Over a Wall: Earthy Spirituality for Everyday Christians.* San Francisco: Harper San Francisco.

Puhvel, Jaan, ed. 1970. *Myth and Law Among the Indo-Europeans: Indo-European Comparative Mythology.* Berkeley, CA: University of California Press.

Wink, Walter. 1992. *Engaging the Powers: Discernment and Resistance in a World of Domination.* Minneapolis: Fortress Press.

●編集部注●

今回、ポール・ヒーバート博士に原稿を寄せていただくことができたのは、私たちにとって大きな喜びでした。しかし、霊的戦いと世界観に関する博士の論文は、日本における福音宣教の中で霊的戦いを推進しようとしている私たちにとって貴重な示唆を与えてくれるものであると同時に、重大な論争の的となる可能性を含んだものであることもまた、認めなければなりません。本書で最も議論の対象となるのは、おそらく「地域における霊的戦い」あるいは「地域を支配する霊」という概念だと思われます。この問題に関して、今回の執筆者の中では、博士の他にも滝元順、滝元望の両師が取り扱っておられ、トム・ホワイト師も簡単に言及されていますが、それらの中でも、博士の立場は異色のものと言えるでしょう。そこで、この場をお借りして、編集部としての意図を明らかにさせていただきたいと思います。

ある特定の悪霊が地域に住みついて、その地域の人々を支配すると考えることはアニミズム的誤りであるという博士の指摘を受けて、地域を取り扱う霊的戦い全体を否定する向きもあるかもしれませんし、逆にそのことの故に博士の立場を受け入れがたいと考える方々もおられると思います。しかし本論文を注意深く読むならばわかることですが、博士は決して地域における（もっと正確に言えば地域社会に住む人間の共同体における）霊的戦いを否定しているわけではありません。

私たちの宣教の対象は、「滅び行く日本の魂」とひとくくりできるような抽象的な概念ではなく、現実に私たちの住む地域社会に生活している、一人ひとりの生きた人間です。そして教会がある特定の地域に現実に存在し、周囲に住む人々に対して宣教をしていく以上、そして宣教には必然的に戦いが伴う以上、何らかのかたちで地域と関わる霊的戦いを考えないわけにはいきません。

どのような立場に立つにせよ、アニミズム的世界観が今も息づいている日本において福音宣教を進めようとし、自らもそのような伝統の中から救われてきた私たち日本のクリスチャンにとって、霊的戦いを進める中でのアニミズム的逸脱を戒める博士の指摘は、避けて通ることのできないものであると思います。私たち日本のクリスチャンは、この指摘を謙虚に受け入れた上で、さらに前進していくことを求められているのではないでしょうか。読者の皆様には、このことを留意していただき、地域における霊的戦いについては、本書の諸論文を読まれた上で、総合的に判断してくださることを願っています。

霊的戦い全般について、さらに学びたい人のために

BOOK GUIDE

Step1 文献案内

●日本語で読める文献

カルロス・アナコンディア『霊の戦いと大収穫』(マルコーシュ・パブリケーション)
カルロス・アナコンディア&ギセラ・サウィン共著『サタンよ、よく聞け』(プレイズ出版)
フランク・ディマジオ『勝利から勝利へ』(生ける水の川)
ジョン・ドーソン『神のために都市を奪回せよ』(マルコーシュ・パブリケーション)
ヨハネス・ファシウス『とりなしと祈り』(マルコーシュ・パブリケーション)
シンディ・ジェイコブス『祈りの戦士』(マルコーシュ・パブリケーション)
チャールズ・クラフト『力あるキリスト教』(新生出版社)『イエスの御名の権威』(プレイズ出版・近刊)
チャールズ・クラフト編著『自由になりたいと思いませんか』(プレイズ出版)
ジョージ・オーティス・ジュニア『霊的地図作成フィールドガイド』(プレイズ出版・近刊)
エド・シルボソ『神はひとりも滅びることを望まず』(マルコーシュ・パブリケーション)
ピーター・ワグナー『霊の戦いの祈り』『祈りの盾』『祈りと教会成長』(マルコーシュ・パブリケーション)
ピーター・ワグナー編著『都市の要塞を砕け!』(マルコーシュ・パブリケーション)
テモテ・M・ワーナー『神の栄光のために〜霊的戦い』(新生宣教団)
トム・ホワイト『霊の戦いの戦略』(マルコーシュ・パブリケーション)
奥山実『悪霊を追い出せ!』(マルコーシュ・パブリケーション)
滝元明『千代に至る祝福』(CLC出版)
滝元順『主が立ち上がられた日』(プレイズ出版)
滝元望『この国のいやし』(プレイズ出版)

●英語の文献

Clinton E. Arnold, *Powers of Darkness*, InterVarsity Press, 1992.
——, *3 Crucial Questions about Spiritual Warfare*, Baker Books,1997.
Bob Beckett & Rebecca Wagner Sytsema, *Commitment to Conquer*, Chosen Books, 1997.
Gregory Boyd, *God at War*, InterVarsity Press, 1997.
Harold Caballeros & Mell Winger, eds., *The Transforming Power of Revival*, Editorial Peniel, 1998.
Frank Damazio, *Seasons of Intercession*, BT Publishing, 1998.
John Dawson, *Healing America's Wounds*, Regal Books, 1997.
Dick Eastman, *Love on Its Knees*, Chosen Books, 1989.
——, *The Jericho Hour*, Creation House, 1994.
Francis Frangipane, *The House of the Lord*, Creation House, 1991.
——, *The Three Battlegrounds*, New Wine Press, 1994.
A. Scott Moreau, *Essentials of Spiritual Warfare*, Harold Shaw Publishers, 1997.
Ed Murphy, *Handbook for Spiritual Warfare/ Revised*, Thomas Nelson, 1997.
George Otis, Jr., *The Last of the Giants*, Chosen Books, 1991.
——, *The Twilight Labyrinth*, Chosen Books, 1997.
Jane Rumph, *Stories from the Front Lines*, Chosen Books, 1996.
Dutch Sheets, *Intercessory Prayer*, Regal Books, 1996.
Quin Sherrer & Ruthanne Garlock, *A Woman's Guide to Spiritual Warfare*, Servant Publications, 1991.
——, *The Spiritual Warrior's Prayer Guide*, Vine Books, 1992.
Thomas B. White, *Breaking Strongholds*, Vine Books, 1993.

BOOK GUIDE

聖書に立つ霊的戦い①

有賀喜一

序　「真に霊的であること」と「真に力ある宣教の実践」の探究

一・新生と献身

一九四七年の十二月、当時十四歳（旧制中学二年生）であった私は、旧友の突然の死を通して、神道、仏教による救い、解決、解答、そして解放を求め、切実な渇きをもって二年前から朝晩、難行苦行をしていました。そして、一週間遅れのクリスマス、即ち、大みそかの夜、お寺に向かっていた私に声をかけ、力ずくで教会に連れて行ってくれたもう一人の友人によって、スウェーデン宣教師を通して、生まれて初めてイエス・キリストの福音に接し、その夜に自分の罪を認め、悔い改め、主イエス・キリストの十字架と復活を自分のためと信じ受け入れ、聖霊によって新生したのです。時はまさに一九四七年十二月三十一日でした。その後、大変激しい迫害の中で献身をして、一九五四年四月、関西聖書神学校へ入学

●ありが・きいち
1933年福島県に生まれる。14歳の時、仏教からキリスト教に回心。関西聖書神学校に学び、後年米国フラー神学大学院留学。15年間、伝道者として日本全土、世界で活躍。母校である関西聖書神学校の校長として12年間務める。
現在は全日本リバイバルミッション代表、リバイバル神学校校長、国際福音神学校校長、ハガイ・インスティチュート国際教授、ニューポート大学日本校教授として活躍中。神学博士。

しました。

二．霊性と霊力

神学校では朝に夕に聖化の徹底が強調され、聖霊のバプテスマによるキリストの内住を体得させていただきました。聖潔の徹底、祈祷の生涯、救霊の奉仕が当時の私自身のモットーであり、真に霊的であることは、その中核でした。

一九五八年、神学校卒業後、栃木県大田原市に開拓伝道に遣わされ、最初に救われた方は、今で言う力の伝道、すなわち、悪霊からの解放によって救われました。実際、宣教と教会形成のための力ある奉仕は、絶対不可欠となりました。

一九五九年から、月に一度の全市協力伝道の奉仕にも招かれ、開拓という地域教会の形成と、全日本に拡大された国家的視野での奉仕に従事するようになり、尚一層の力ある福音の奉仕が求められるようになりました。

さらに、一九七七年、二年間の霊的、実際的準備のもと、関西聖書神学校長として就任し、キリスト教指導者・牧師・伝道者養成のため、日夜起居を共にしながら、神と教会、そして現代に間に合う器作りに専念しました。

それまでの自らの霊性の建て上げと、聖霊による力ある伝道者となるべく、摂理的に、一九七一～七二年米国カリフォルニア州のパサデナ市にあるフラー神学校大学院で、世界宣教と教会成長学部に留学させていただき、視点の転換と当時世界で最も活力ある宣教が進展していたアフリカ、中央アメリカの各七ヶ国への実地見分もする機会に恵まれたのです。

三．霊的戦いの挑戦

一九八九年三月、明確な三つの聖言に基づいて、フルタイムの伝道者の召しにあたり、神学校長を辞任した当時、全日本リバイバル甲子園ミッションの計画が祈りの中に企画されて、一九九二年二月、正式に大会実行委員長を拝命しました。その時のキーワードが「権力によらず、能力によらず、わたしの霊によって」（ゼカリヤ四章六節）と、「見よ。わたしは新しい事をする。今、もうそれが起ころうとしている。あなたがたは、それを知らないのか」（イザヤ四三章一九節）でした。まさに、一九四七年来の「真に霊的であること」と「真に力ある奉仕者」の両立の機会として、霊的戦いの実証の時となることを期待したのです。

一九九三年十一月、全日本リバイバル甲子園ミッションは、日本で初めての霊的戦い（戦略的霊的戦い）の宣教への適用でした。その最初の挑戦は祝されました。三日間の延人数十二万四千人の会衆、二万二千人の求道決心者、いやし、聖霊の満たし、また聖霊による解放を求める人々で十字架の講壇の前が埋め尽くされました。

この論文では「霊的戦い」の問題の理解、旧約聖書的、新約聖書的首尾一貫性を、聖書的世界観を聖書神学的に精査してまいります。これをお読みになった方々が、聖書に立った霊的戦いを理解し、実践して、日本全土に速やかに神の国が建て上げられることを祈ります。

本論

Ⅰ　問題の理解

一・霊的戦いの昨日、今日、そして未来

（一）霊的戦いの開眼まで

●関西聖書神学校での沢村五郎師のリバイバルを求める祈り。

神学校では、毎週火曜日の夜に学内祈祷会があり、毎月第一金曜日には徹夜祈祷会、毎朝早天祈祷会が持たれ、全日本、アジア、そして世界のリバイバルを祈ってきました。一つの生きた祈りのモデルは、当時の神学校長、沢村五郎師でした。沢村師は大胆に、信仰による対決の祈りをささげ、時には敵であるサタンに対し、激しい口調で「サタンよ、お前の首根っこをつかまえて、しばり上げるぞ！」と祈られたことは、今なお忘れられません。

●小島伊助師のエペソ人への手紙の講解を通して。

一章から三章の教会の奥義、四章から六章の教会の実践、そして、六章一〇節からの教会の勝利の中で、霊的戦いの祈りを取り上げ、「成熟したキリスト者は、地上戦ではなく、空中戦ができるようになるのである」と語られた言葉が、不思議に耳の奥に鳴り響き続けています。

●日本伝道隊の創立者、バークレー・バックストン師による日本宣教三大目標。

①日本のすべての人々に、福音を伝えよう。
②日本のすべてのキリスト者に、聖霊の恵みを与えよう。

③日本のすべての若いキリスト者たちに、献身を促し、ペンテコステの力に満たして遣わそう。

●パゼット・ウィルクス師の着目。

師が出版された『救霊の動力』中で、日本宣教上避けられないのは、偶像との対決であると、霊的戦いの必要性を語られました。

●日本福音クルセードでの約二百五十回に及ぶ全市協力伝道推進の祈り。

一九六二年から一九七七年までの十五年間、いつも各都市での働きのため、暗雲を突き破る霊的戦いの祈りをささげつつ実践してきました。

●世界伝道会議の流れ。

一九六六年のベルリン会議の主題は、福音の検討、一九七四年のローザンヌ会議の主題は、福音の宣教の方策でした。一九八九年にマニラで行われた時には、急速な宣教拡大の世界事業としての救霊に焦点を合わせた霊的戦いに最も多くの人々の関心を集めたのです。

私は、以上の事柄を通して、霊的戦いについて開眼されてきました。

(二) 霊的戦いの推進

一九九二年二月以来、公表された全日本リバイバル甲子園ミッションの理念として、①「聖書信仰に立つこと」②「聖霊による協力」③「救霊に焦点を合わせた霊的戦いの推進」を掲げました。

一九九一年、アルゼンチンで第一回収穫伝道国際研修会が開催され、一九九二年十一月に開かれた第二回目に、日本から八名の方と共に参加しました。エド・シルボソ師を中心に実践された「祈りの伝道」は、アルゼンチンの各都市で驚くべき勝利を拝し、力の伝道によって、奇跡、いやし、解放を伴うしるしとして福音宣教が実践され、決心者の七五%が、地域教会に続々と押しかけ、実として残り、全体的教会成長と宣教の拡大、すなわちリバイバルが起こされたのです。

この事実を知り、理解を深め、日本でも適用できる確信を得ました。神は御霊の賜物を与えて、神の目で地域社会を見、霊的地図作りにより、適切なとりなしの祈りを展開できるように導かれたのです。全日本から現在一万八千人のとりなしの祈りの勇士が登録され、断食と祈りをささげています。今や「エリコの時」です。主の御手、神の恵みの訪れによって、突然の季節に入っているのです。

二千年の教会歴史上、著しい神の御業が現れた時の特色は、①「突然の受容性の出現」②「新しいキリスト教の形態の出現」（すなわち、牧師中心主義の構造から、会衆中心主義へと変革され、新しいリーダーシップが取られること）③「短期間における霊魂の大収穫」④「力の解放」の四つです。

(三) 霊的戦いの展開

効果的なキリスト者の証しは、次に挙げるキリスト教の三つの次元をすべて含むものです。すなわち、①「誤謬を正し、人々を正しい理解に導く**真理の対決**」②「人々をサタンの縄目から解放し、キリストにある自由を得させる**力の対決**」③「人々が誤った対象に忠誠を向けることを矯正し、イエス・キリストとの関係に導き入れる**忠誠の対決**」です。

(四) イエスのミニストリーにおける三つの対決のバランス

イエスが三つの対決をいつ、どのように用いられたかを調べることによって、これらをいかにバランスよく組み合わせて用いていけばよいのかを学ぶことができます。

福音書を見ますと、その著者たちは、イエスのミニストリーの初期には力の実証により大きな関心を払い、時間が経つにつれて真理の教えに注目するようになっていく、という印象を受けます。

福音書から受けるもう一つの印象は、イエスは身近な弟子たち以外の、一般の人々に関わる場合には、いつも力ある業を行われましたが、主に自分を明け渡した弟子たちに対しては、真理の教えに重点を置かれた、ということです。このことからわかるのは、一旦忠誠の対決を無事乗り越えたなら、その後の成長の過程においては、より多くの真理を学び、実践することが何よりも重要になってくるということです。

福音書の前半の書では、イエスのミニストリーの典型的な状況は、まずイエスが教え始められ、いやしが起こり、それから再び弟子たちのために教えに戻られる、という印象を受けます（例　ルカ四章三一節、五章一節以降、同一七節以降、六章六節以降、同一七節以降）。

（五）三つの対決の性質と目的

これら三つの対決は、それぞれが他の二つとは違った性質を持っており、違った目的のために用いられます。しかし、どの対決も、私たちキリスト者が健全に成長していくために必要不可欠なプロセスを通らせ、ある特定の段階に達することができるように導くものです。真理の対決が目指すところは正しい理解であり、そのために用いられるのは教えです。忠誠の対決の焦点は正しい関係にあり、証しがその目的達成のために用いられます。そして、力の対決が目指すものは自由であり、そのために用いられるのは霊的戦いです。真理と理解は理性に深く関わり、忠誠と正しい関係は意志に基づきます。また、自由は感情を経て経験することが多いのです。

（六）三つの対決の相乗効果

キリスト者のミニストリーの総合的なアプローチにおいては、どんな場合にもこれら三つの次元のすべてが総合的に関わっていることが必要です。人々は、救いを必要としています。しかし、コリント人への手紙第二、四章四節によると、信仰の妨げとなっている主要な要因は、「敵が人々の思いをくらませている」ことです。したがって、人々が敵の支配から十分に自由になり、神からのメッセージを理解し、神に自分自身を明け渡すようになる過程では、ほとんどの状況において、霊的戦いが必要です。したがって、力の対決がないまま人々に決心を求めても、それでは効果がない場合が多いのです。なぜなら、力の対決によって解放を得てこそ、人々は真理に正面から向き合い、それに応答できるようになるからです。

真理の対決は、他の二つの対決が起こるために必要な総合的な土台を提供するものと考えられます。それは正しい理解に人々を導くことを目的としていると言えるでしょう。イエスが人々を教えられる際には、常に、彼らが神のご性質とご計画についてより深く理解するようになることを目的としておられたのです。この目的を達成するために、イエスは真理に関する知識を教えることを通して、人々を真理に目覚めさせ、より深い理解へと導かれました。すなわち、真理についての正しい知識が、正しい理解をもたらすための手段として用いられていたのです。けれども、聖書的な視点から見た知識とは、単なる哲学的知識ではなく、関係的、経験的知識であるということに目をとめなければなりません。従って、真理の対決も、他の二つの対決と同様、根本的には人格的な対決であり、単に知性に訴えるだけの知識の問題ではないのです。

先に述べたように、忠誠の対決は最も重要な対決です。イエスに対する忠誠なくしては、御霊に導かれる生活はないからです。

まず最初の忠誠の対決は、人を神との関係に導き、さらに、生涯を通じて、成熟へ向けての成長を促します。その結果、私たちは、人格においても、ミニストリーにおいても、キリストに似た者となることができるのです。

力の対決の性質と目的は、キリスト者の経験に、極めて異なった次元を与えることです。その焦点は、自由、サタンに対する勝利へと通じる自由です。サタンは、不信者の思いをくらませる者（Ⅱコリント四章四節）であり、制限を加える者、妨げる者、神の業を損なう者です。すなわち、サタンは、忠誠と真理から人を遠ざけようとする敵なのです。

キリスト者がミニストリーを効果的にしようとするなら、三本の「矢」がすべて必要です。私たちは、聖書に示されている、神との本物の関係を経験する必要があります。その関係は、私たちを解放する神の力を日々経験し、神と共に歩む生活で、聖霊充満の現実を、きよめと力の両面で体験し、力ある証しの生活を全うできるようにするのです。そして、私たちは効果的な武器、すなわち、救いに基づく忠誠、本物の真理、そして神の力をもってサタンの偽りの忠誠、偽りの力、偽りの真理に対して、立ち向かうことができるのです。

神が与えてくださったすべての武器を手に取り、聖書に基づいて、三つの対決のすべてに取り組もうではありませんか。

二．霊的戦いの規範

三週間の断食と祈りの後、ダニエルの所に一人の人が現れ、ダニエルのささげた祈りについて、彼が祈ったその初めの日に、神はすでに聞かれ、その祈りの答えが発せられていたことを知らせました（ダニエル一〇章一二節）。しかし、ペルシヤの君が、悪しき宇宙的力の行使によって、神からのダニエルの祈りに対する答えが遅延したことが説明されました。

彼は私に言った。「恐れるな。ダニエル。あなたが心を定めて悟ろうとし、あなたの神の前でへりくだろうと決めたその初めの日から、あなたのことばは聞かれているからだ。私が来たのは、あなたのことばのためだ。ペルシヤの国の君が二十一日間、私に向かっていたが、そこに、第一の君のひとり、ミカエルが私を助けに来てくれたので、私は彼をペルシヤの王たちのところに残しておき、…」そこで、彼は言った。「私が、なぜあなたのところに来たかを知っているか。今はペルシヤの君と戦うために帰って行く。私が出かけると、見よ、ギリシャの君がやって来る」(ダニエル一〇章一二～一三節、二〇節)。

ここで言及されている「ペルシヤの君」と「第一の君」とは、それぞれの領域を監査する霊的存在であることは、多くの聖書学者の一致した理解です。御使いの啓示なしては、ダニエルをはじめその他の誰も、このような霊的戦いを理解することは不可能であったでしょう。

(一) 開眼の祈り

「どうか、私たちの主イエス・キリストの神、すなわち栄光の父が、神を知るための知恵と啓示の御霊を、あなたがたに与えてくださいますように。また、あなたがたの心の目がはっきり見えるようになって、神の召しによって与えられる望みがどのようなものか、聖徒の受け継ぐものがどのように栄光に富んだものか、また、神の全能の力の働きによって私たち信じる者に働く神のすぐれた力がどのように偉大なものであるかを、あなたがたが知ることができますように」(エペソ一章一七～一九節)。

(二) 実現の祈り

「どうか父が、その栄光の豊かさに従い、御霊により、力をもって、あなたがたの内なる人を強くしてくださいますように。こうしてキリストが、あなたがたの信仰によって、あなたがたの心のうちに住んでいてくださいますように。また、愛に根ざし、愛に基礎を置いているあなたがたが、すべての聖徒とともに、その広さ、長さ、高さ、深さがどれほどであるかを理解する力を持つようになり、人知をはるかに越えたキリストの愛を知ることができますように。こうして、神ご自身の満ち満ちたさまにまで、あなたがたが満たされますように」(エペソ三章一六～一九節)。

(三) 霊的戦いの祈り

「主にあって、その大能の力によって強められなさい。悪魔の策略に対して立ち向かうことができるために、神のすべての武具を身に着けなさい。私たちの格闘は血肉に対するものではなく、主権、力、この暗闇の世界の支配者たち、また、天にいるもろもろの悪霊に対するものです。ですから、邪悪な日に際して対抗できるように、また、いっさいを成し遂げて、堅く立つことができるように、神のすべての武具をとりなさい。…すべての祈りと願いを用いて、どんなときにも御霊によって祈りなさい」（エペソ六章一〇～一八節）。

(四) 霊的戦いの定義

霊的戦いとは、有史以前から今日に至るまでの主権者である神と、反逆者サタンとの戦いを指しています。サタンは他の堕落した天使たちと共に、人間の性質に罪をさらに深く根付かせ、人々を救いから遠ざけるために、神とは正反対の価値観を、文化を通して浸透させ、教会の結実とキリストの計画の成就の喜びとを隠してしまったのです。イエスの弟子たちは神の目的に反する敵の計画を明らかにし（エペソ六章一一節）、戦い（エペソ六章一〇～一八節）、勝利を収め（Ⅰヨハネ二章一二～一四節）、主の勝利の証人となる（使徒一章八節、二六章一七～一八節）ために召されたのです。

(五) 霊の世界の構造

①神の領域（第三の天） Ⅱコリント一二章二節

神の住まい、キリストの座しておられる所。天使たちが仕えている所。キリストと共に私たちが座する所。神の御心が完全に行われる所です。

②天使の領域（第二の天）

Ⅰヨハネ五章一九節

サタンと悪霊の住まい。霊的戦いの場。この世の王国を支配している所。神の御心に常に逆らう所です。

③人間の領域（第一の天）

人間の住まい。この世の王国。神に仕える天使

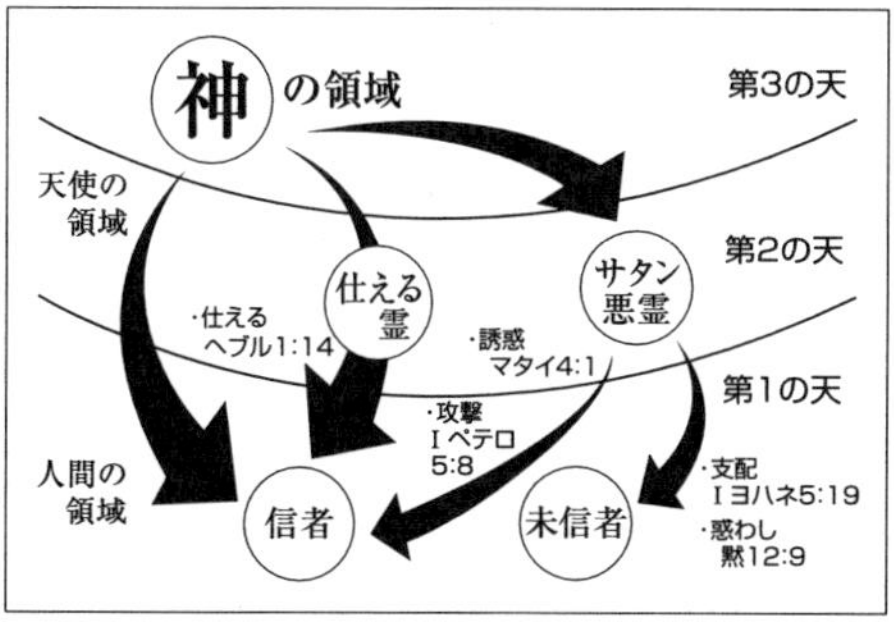

たちとサタンに仕える悪霊どもが活動する所です。第一の天における神の国は私たちの心の中にあるのです。

三．エペソ人への手紙に立つ霊的戦いの展開

(一) 霊的戦いの立場の確認

①三位一体の神の視点　エペソ一章

まずパウロは、一章三節で、「私たちの主イエス・キリストの父なる神がほめたたえられますように。神はキリストにおいて、天にあるすべての霊的祝福をもって私たちを祝福してくださいました」と、神の奥義を総括しています。

a．父なる神は、世界の基の置かれる前から選び（四節）、愛をもってあらかじめ定め（五節）、恵みの栄光を与えてくださり（六節）、祝福してくださいました。

b．子なる神キリストは、その血により贖い（七節）、天にあるものも地にあるものも、いっさいのものを一つに集め（一〇節）、御国を受け継ぐ者（一一節）としてくださったのです。

c．聖霊なる神は、救いの福音を聞き信じた者に、証印を押された（一三節）のです。

②神の民、神の家族の視点　エペソ二章

以前は、罪過と罪との中に死に（一節）、この世、空中の権威を持つ支配者、そして自分の肉欲の奴隷（二～三節）であったのに、引き上げる救い（五～六節）、近づける救い（一三節）、一体として、神の民、神の家族（一九～二〇節）と造り上げてくださったのです。

③神の使命の視点　エペソ三章

万物を創造された神の中に世々隠されていた奥義を実行に移す務めが何であるかを明らかにし、教会を通して、神の豊かな知恵が示されるためです（九～一〇節）。

以上の三つの視点が霊的戦いの立場です。この奥義実現の祈りによって、内なる人が強くされ、霊的戦いが実践可能となるのです。

(二) 霊的戦いの実践の確立

①教会としての実践　エペソ四章一節～一六節

神の召しにふさわしく、御霊の一致を保ち、多様性を

もって実践し、キリストご自身が指導者をお立てになり、聖徒たちが整えられ、奉仕の働きをさせ、キリストのからだを建て上げるのです。

②個人としての実践　エペソ四章一七節～五章二一節

神にならう者となり、愛のうちを歩むこと（五章二節）、光の子どもらしく歩み、主に喜ばれることを見分け、暗闇の業に仲間入りしないで明るみに出し（五章八節、一一節）、さらに、賢い人のような歩みをすることです（五章一五節）。

③家庭の実践　エペソ五章二二節～六章四節

妻の夫への従順（五章二二節）、夫の妻への愛（五章二五節）によって一心同体となり、子供たちも両親に従う、地上の天国を造り上げるのです。

以上、これらの実践を聖霊充満で全うできるのです。「聖霊に満たされなさい」。

(三) 霊的戦いの勝利の確信　六章一〇節～二〇節

この霊的戦いは、エペソ人への手紙の結論としてこそ書ける問題であり、一大項目、否新約聖書中なくてはならない主要問題です。すなわち「教会の戦闘」であり、「霊的戦い」です。エペソ人への手紙といえば、「教会の奥義」です。奥義なる教会の解説です。この世にある神の教会の使命、存在の意義は、サタンとの霊戦、空中戦、祈りの格闘です。エペソ人への手紙の中の教会とは何でしょうか。全くの未信者が、引き上げられ、近づけられ、一つにされ、聖められ、聖霊に満たされ、天のところに座せしめられ、ここまで来て、はじめてサタンとの戦いができるのです。ここまで霊性が引き上げられてこそ、かつてはその支配下にあったサタンに立ち向かってこれに打ち勝ち、その手から滅び行く霊魂を分捕ってくる働きができるようになるのです。

空中戦と言いましたが、サタンは第二の天から地上を支配しているのです。キリスト者がその霊性が引き上げられ、第三の天のところに座して、初めてサタンの相手ができるのです。否、地上をはいまわっているようなキリスト者は、サタンが相手にしないのです。一人前のキリスト者でこそ、サタンを知り、その個人的実在を認め、その手だてを見抜くようになるのです。

エペソ人への手紙には、「天の所」（文語訳）という表現が五回出てきます。第一は一章三～四節の、永遠の初めの「天の所」です。ここではキリストのみ、その御姿が見えます。第二は、一章二〇～二三節の「天の所」です。ここには、復活・昇天・即位のキリストがおられ、二章六節では、私たちも共にそこにあることがわかります。第四の「天の所」は三章一〇節で、贖いの結果実現した教会の存在です。そして、第五に、六章一〇節以降に、戦いの場としての「天の所」が出てきます。

ある信仰の先輩は言われました。我らの戦闘力は、第一に我らの無能、第二に主の大能だと（Ⅱコリント一二章九～一〇節）。敵は人でも、出来事や事情でもありません。私たちは全能者の陰に宿り（詩篇九一篇一節）、それらの背後に潜む悪魔・悪霊を見破らなければなりません。そしてこの戦いは、原語では、組み打ちです。取っ組んでひざの下に組み伏せるのです。

この霊的戦いに、欠くことのできない七つの道具があります。真理の帯、正義の胸当て、平和の福音の備え、信仰の大盾、救いのかぶと、そして御霊の剣、神の言葉です。最後の武器は、祈祷なのです。

「すべての祈りと願いを用いて、どんな時にも御霊によって祈りなさい。そのためには絶えず目をさましていて、すべての聖徒のために、忍耐の限りを尽くし、また祈りなさい」（エペソ六章一八節）。福音の奥義の宣教のために（エペソ六章一九節）、そして、福音に生命をかけて（エペソ六章二〇節）祈りなさいということです。

霊的戦いの勝利は、黙示録一二章一一節に明記されています。「兄弟たちは小羊の血と、自分たちのあかしのことばのゆえに彼に打ち勝った。彼らは死に至るまでも生命を惜しまなかった」。

（つづく）

視点
Point of View
ポイント・オブ・ビュー

このコーナーでは、各巻の全体的テーマにとらわれずに、国内外の様々な働きを取り上げていきたいと思います。Step1では、1998年にオープンしたワールド・プレイヤー・センターを取り上げます。

「ワールド・プレイヤー・センター」

一九九八年九月十九日、米コロラド州コロラドスプリングスに開設されたワールド・プレイヤー・センターは、地球規模のとりなしの祈りのネットワーク構築を目指して作られた。創設者はピーター・ワグナー（グローバル・ハーベスト・ミニストリーズ代表）、テッド・ハガード（ニュー・ライフ・チャーチ牧師）、ジョージ・オーティス・ジュニア（センティネル・グループ代表）の三師。センター内には、グローバル・ハーベスト・ミニストリーズ、クリスチャン・インフォメーション・ネットワーク、ワグナー実践ミニストリー研究所、ワールド・プレイヤー・センター（グローバル・ハーベスト・ミニストリーズの一部門としてのもの）の事務所がある。センターには五百人収容の講堂と、祈りの部屋があり、建物の周囲には常時五十四の国旗が掲揚できるようになっている。同センターでは、二〇〇〇年までに百二十の国の祈りのネットワーク、合衆国内の五千の教会とのリンクの完成を目指している。

デリック・トリンブル氏（オブザーバトリー・ディレクター）インタビュー

まず、ご自身のワールド・プレイヤー・センター（以下WPC）でのお仕事についてお聞かせください。

デリック・トリンブル氏（以下DT）　私は「オブザーバトリー」という部門の責任者です。オブザーバトリーは、センター内の情報を外部に流していくための公式的な窓口となっている所で、WPCに入って来るすべてのものはここを通って、とりなし手の人々が効果的に祈れるようなフォーマットにまとめられていくのです。

WPCが設立された経緯についてお話しください。

DT　一九八四年に、テッド・ハガードという牧師が小さなテントを携えてこの地を訪れ、コロラドスプリングスを望むロッキーの山に登り、そこで祈りました。祈りの中で主は、彼がコロラドスプリングスに戻って来て、三つのことを成し遂げることを望んでおられるということを示されました。その三つとは、この地域共同社会と家庭を助けるような教会を造ることと、韓国の祈祷山のように、人々が断食して祈ることができる場所を造ること、そして人々が地球規模の問題について、戦略的かつ効果的に祈ることができるような、世界規模の祈りのセンターを造るということだったのです。

これらのことが示されて後、一九九三年に、ハガード牧師の招待でワグナー博士がこの地を訪れ、ハガード師は博士にこのビジョンのことを語りました。世界的な祈りの運動の生みの親の一人でもあったワグナー博士はたいへん興奮して、彼らは協力するようになったのです。ワグナー博士はこの働きを推進し始め、資金が集ってくるようになり、ハガード師の三番目の幻が現実となり、WPCが生まれたのです。

WPCの活動内容と、その目的についてお聞かせください。

DT　WPCの主要な活動は、とりなしの祈り手を動員することにあります。そして単に彼らを動員するだけでなく、彼らを教育し、情報を提供し、訓練し、彼らが効果的にとりなし祈るためのツールを提供することです。この任務を遂行するために、WPCには三つの大きなミニストリーがあります。

まず、ビヴァリー・ペギースを長とする**クリスチャン・インフォメーション・ネットワーク**があります。これは**ニュー・ライフ・チャーチ**（編集部注　ハガード師の牧会する教会で、WPCはこの教会の敷地内にある）で行なっているミニストリーの延長でもあります。ここでは、一九九三年以来続いている、「窓を通して祈る（Praying Through the Window）」という運動をコーディネートしています。現在（一九九八年十月〜一九九九年十月）彼らは「窓を通して祈るⅣ」という運動を進めているところです。

もう一つの団体は**グローバル・ハーベスト・ミニストリーズ**ですが、これはこれからお話しするすべての組織の母体となった組織です。それらは現在のところ、AD二〇〇〇年運動の合同祈祷トラックの一部門となっています。ピーター・ワグナー博士がこの合同祈祷トラックのコーディネーターを務めています。AD二〇〇〇年運動は紀元二〇〇〇年までのものですから、グローバル・ハ

ワールド・プレイヤー・センター組織図

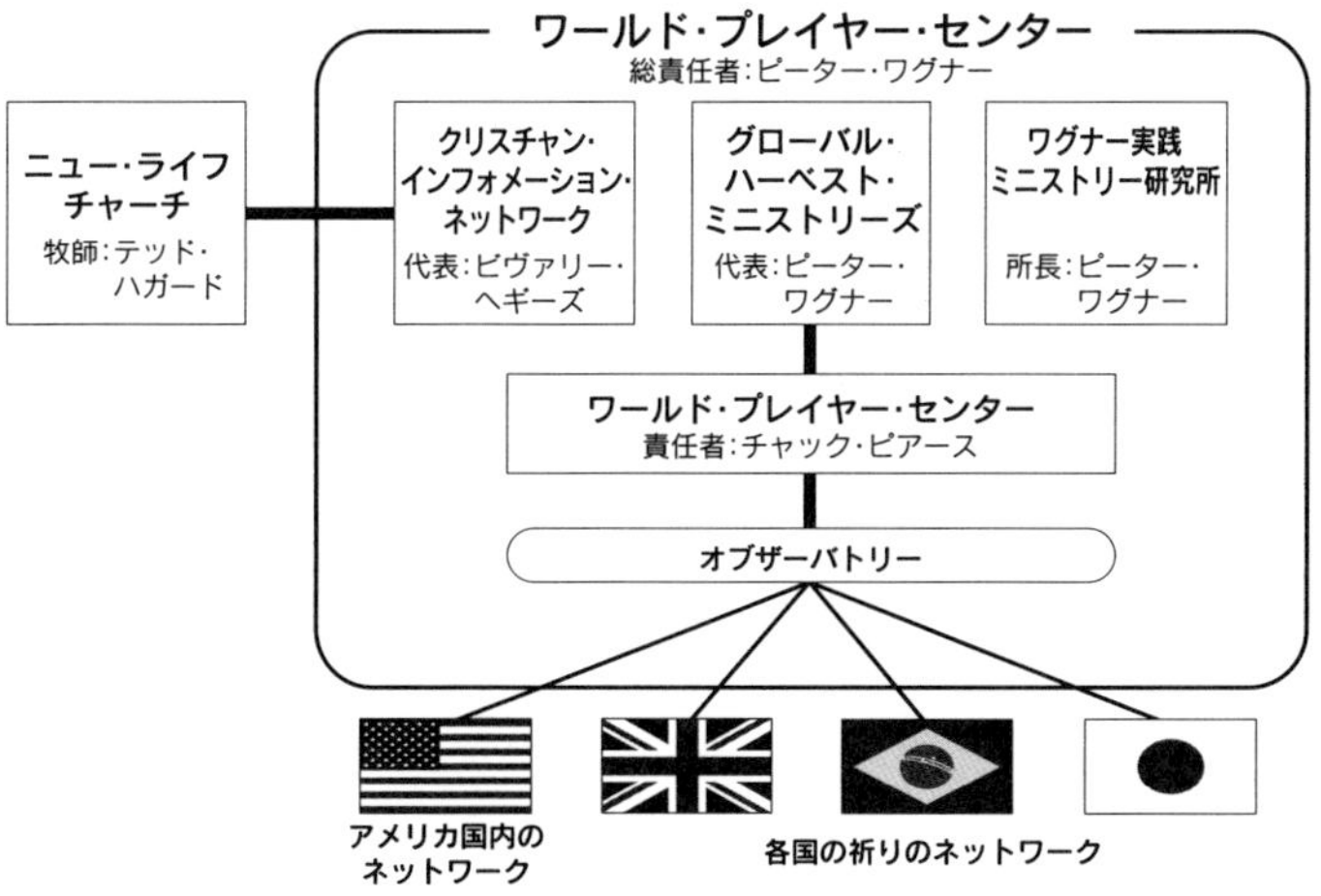

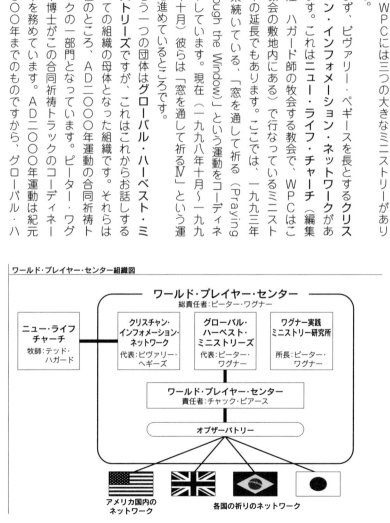

センター内の講堂には、巨大な地球儀が設置されている。

ーベスト・ミニストリーズが二〇〇〇年以降に世界規模での祈りの動員の働きを引き継いでいく立場にあります。そしてその一部門として「ワールド・プレイヤー・センター」があります。これはこの建物全体の名前でもありますが、ここで行われていることの全体を取り仕切っている組織です。私たちが何らかの働きを成す時、それが技術的な事柄であれ、効果的な祈りを組織することであれ、霊的地図の作成であれ、すべてのことは、グローバル・ハーベスト・ミニストリーズの一部門としてのWPCを通して成されていくのです。

もう一つはワグナー実践ミニストリー研究所(Wagner Institute for Practical Ministry)です。これは実際にはグローバル・ハーベスト・ミニストリーズの教育部門なのですが、それ自体独立したミニストリーです。彼らは独自の非営利組織を持っており、出版活動を行なったりイベントを行なったりしています。

センターの将来のビジョンについてお話しいただけますか。

DT 将来まず行なっていきたいのは、情報をより多くの人々に提供していくことです。明らかに、祈りの民は世界中に存在しています。ですから私たちは、彼らのうちのできるだけ多くの人々と接触を持っていきたいと思っています。そのためには多くの方法があると思われます。

一つの主要な方法は、インターネットを用いるものです。現在私たちはデータ・ベースへの相互的なアクセスができるようにするために、いくつかの企業と交渉を進めています。それができるようになると、現地調査に行っている人がデータを更新することができ、そのデータが私たちのシステムに取り込まれ、人々がその情報にアクセスすることができるようなフォーマットに作り直すことができるのです。

また、今私たちが苦心して構築しつつある、各地域の祈祷室を結ぶネットワークを活用していきたいと思っていますが、ここでは、「タッチ・スクリーン技術」というものを使って、人々がここに来て、コンピュータのディスプレイに触れるだけで、メニューにしたがって操作をすることができるようになるでしょう。そしてこれによって、人々は自分たちに必要な事柄を引き出すことができます。もし一時間ごとに更新される情報がほしいと思ったら、一時間の祈りに値する祈祷課題にアクセスすることができるのです。とはいえ、ある人は一つのことについて一時間祈れるでしょうし、一時間で百の課題を祈る人もいるでしょう。ですから、そうしたことのために、いくつか解決しなければならない技術的な問題がありますが、衛星放送を使えば、そのようなことが可能になるかもしれません。

現在、神様は私たちが放送業界のある人々の好意を得るようにしてくださいました。ですから、いつかそう遠くないうちに、インターネットを通じて利用可能な情報を放映することもできるようになるでしょう。そしてまた、ニュースの短い記事の集まりのように、様々な情報を生み出していくことができるようになるでしょう。「ここではこのようなことが起こっています。このことのためにお祈りください。あそこではこのようなことが……」といった感じで、いわばクリスチャンのCNN（編集部注　一九八〇年に開局したアメリカのニュース専門局。通信衛星を使い、二十四時間放送を行なっている）のようなものです。このようにして、人々が一日二十四時間、情報やニュースを入手し、クリスチャンの視点で何が起こっているかを見ることができ、効果的に祈ることができるようになるでしょう。

それは、クリスチャンのテレビ放送を始めるということですか。

DT　たぶん一つのテレビ局というよりは、少なくとも一つの祈りのチャンネルという形になるでしょう。

その他に新たに始めていきたいのは、**ワグナー指導者養成学院**です。これは学問的な訓練のための組織です。WPCとワグナー指導者養成学院は何らかの形で共同で活動していくことでしょうが、まだ発展のごく初期段階にあり、これからどうなるかは神様に委ねていかなければなりません。私たちはすべての領域で主の導きを求めつつ、自分たちの成すべきことを行いながら、前進しています。主が成し遂げようと望んでおられることを知って、資産やスタッフを、主の御心を成し遂げるために用いています。

WPCが開設された時に、何か特に戦略的なことをなさいましたか。

DT　国際聖書協会は私たちに、数百の言語で書かれた聖書を寄贈してくださいましたが、それをセンターの入口部分の基礎に埋めました。これは私たちが行なった戦略的なタイプの霊的行為の一つです。またいくつものとりなしのチームが、建物とそれが建っている土地のために祈りました。そうしていて気付かされたことは、この土地はかつて白人によって「所有された」土地であるということでした。もっとも、土地を「所有する」とか、売買するという考えは西洋的な思想によるものであって、もともとこの地に住んでいたネイティブ・アメリカンの人々にはそのような発想はありませんでした。というのは土地は誰かが自分のものとしたり、売り買いしたりするものではなく、誰でもそれを使ってよいものだったからです。しかし、私たちの先祖が彼らの先祖から土地を奪った罪を、自分の罪として告白するようにとの主からの示しによって、悔い改めが成されました。そのことにより、その場に出席されていた、この地で生まれ、この地に住むネイティブ・アメリカンの方が、シャイアン、アラパホ、ユテの諸部族を代表して（この方はシャイアン族出身の方でした）、

「あなた方にこの土地に対する権利を与えます」と語ってくださったのです。

なぜ神様がこの地をWPCのために選ばれたとお考えですか。

DT　コロラドスプリングスの南端にはシャイアン山がありますが、そこにはNORAD（北米航空宇宙防衛司令部）があります。そこではミサイルや人工衛星や流星の軌道を観測することができるほか、大気圏内に入って来るありとあらゆるものを探知することができるのです。

WPCの献堂式の時に、台湾からアンドリュー・チェンという方が来られていました。彼は台湾における多くの祈りの運動や活動の代表者で、WPCにも親しく関わってくださっています。

数年前、WPCのビジョンが初めて主だった人々に公にされた時、ここを訪れていた、チェン兄弟は、なぜ自分がこの働きに参加したいと思っているのか、自分の国がこのような働きに参加する意義はどこにあるのかと考えていました。帰国するための機上で、台湾の新聞を開くと、そこには中国が台湾に向けてミサイルを発射し、そのミサイルの軌道は、NORADによって探知されていたということが書かれていたのです。その時主は、彼にNORADがコロラドスプリングスに置かれているように、WPCも敵が国々に放っている火矢を霊的に探知するために置かれるのだということを示されました。彼は、敵が、ある国に攻撃をしかけてきた時に、その国のために祈りを動員することの大切さを悟り、WPCのビジョンに対して、心を動かされたのです。それ以来彼は、私たちの働きの唱道者となってくださっています。このことは、WPCがこの地に置かれたことの戦略的な理由の一つだと言えるでしょう。

次のものは、ワールド・プレイヤー・センターの責任者であるチャック・ピアース師が、一九九八年十二月末に栃木県佐野市で開かれた「預言と霊の戦いコンファレンス」（クリスチャン・インターナショナル・アジア主催）に講師として来日された折りになされた談話である。

WPCはAD二〇〇〇年運動から生まれた過渡的な存在です。一九九〇年代の初頭に、私たちはAD二〇〇〇年運動の中で「霊的戦いネットワーク」を組織し始めました。このネットワークは何よりもまず霊的戦いに関する教育を行い、それから聖書における戦いという主題について対話を行い、戦略レベルの戦いを理解する一つの見方へとキリストの体を導いていこうとするものでした。

きっかけは、周囲の状況に目を向けた時、私たちの町がまだ勝ち取られておらず、国家も主のために勝ち取られてはいないということに気づいたからです。犯罪は増加していましたし、経済的な問題も起こっていましたし、キリストの体は栄えているとは言えませんでしたし、せっかく回心した人々が、他宗教やキリスト教以外のライフスタイルに向かっている状態を目にしていました。だからこそ私たちは、御言葉の中に私たちがそれまで全く気づいていなかった解決の鍵があるはずだと考えたのです。そこで、私たちはこのことについて話し合いを始め、同時にそのための神学を発展させてきました。そして、九〇年代のはじめ頃からは、各国の状況について多くの調査を始めるようになりました。しかしながら、ここ三年ほどの間、私たちは単なる調査や神学から、対決へと私たちの活動が移行してきていることに気づいてきました。というのは、私たちのそれぞれの国において、霊的大躍進の時が来ているからです。

WPCは、各国がコミュニケーションを取り合

い、助言や情報を得、またある国々で起こった勝利を他の国と分かち合うことによって、信仰において私たちを励まし、それぞれ自分たちの国における霊的収穫のために、さらに働きを加速させて前進することができるようにするための一つのツールとなることでしょう。WPCは、コミュニケーション技術の力によって、それぞれの国における働きの前進を支援することができるのです。ある国が自分たちの抱えている問題を分かち合ってくださると、私たちは彼らを助けることができますし、また同様な問題について以前分かち合いをしたことのある国を見つけて、彼らが助け合うように導いていくことさえできるでしょう。

オブザーバトリーは一種の自動化された情報ライブラリーとなって、世界の国々のために、より効果的に祈りを動員することができるようになるでしょう。たとえば、オブザーバトリーのデータベースの中には日本に関する情報も蓄積されていきますが、日本に対して祈る重荷が与えられている世界中の人々がその情報にアクセスすることによって、日本であなたがたが勝利を得るようにと支援して祈る、世界規模の霊的軍隊の力を高めていくことができるのです。

私は、もう過去のように教派的な争いによって働きを妨害される必要はないと信じています。私たちは一国の中でお互いに結び合わされ、どのように互いにコミュニケーションを取り合っていくべきかを知る必要があるのです。なぜなら、まず第一に私たちはお互いを必要としていますし、第二に私たちはお互いの存在がなければ、自分の働きを全うすることができません。ですから、コミュニケーションを取り合うことによって、相互関係を密にし、協力し合っていくことが大切です。そのようにしていくならば、私たちは未来に向かって進んでいくために、本当に必要な事柄に対して目を向け続けていくことができるようになると思います。

カイロス・ネクスト・ステップ・シリーズ　STEP1

信仰生活勝利への鍵
～霊的戦いの基本概念～

定価●本体800円+税
編集者●山崎ランサム和彦
発行者●岡本信弘
1999年4月20日発行
発行所／プレイズ出版
〒441-1307　愛知県新城市富沢407-1
05362-3-6195